Osadía

URUGUAY TIENE VOZ DE MUJER

Nueve uruguayas generosas, fuertes y libres que te inspirarán para impulsar tu desarrollo profesional

AUTORA:
MARIANELA GONZÁLEZ

Prólogo de **GABRIELA MALVASIO**

Primera edición: Marzo de 2021

© Marianela González, 2021
Web: www.marianela-gonzalez.com
email: hello@marianela-gonzalez.com
Linkedin: www.linkedin.com/in/marianelagonzalez

© del Prólogo: Gabriela Malvasio

Primera edición: Gabriela Malvasio
Edición: Paco Martínez
Diseño y maquetación: Ana Roca

Fotografía biografía: Imma Rabasco

© Imágenes entrevistas: fotografías cedidas por las entrevistadas.

Cualquier forma de reproducción, distribución, comunicación pública o transformación de esta obra solo puede ser realizada con la autorización de sus titulares, salvo excepción prevista por la Ley. Diríjase a CEDRO (Centro Español de Derechos Reprográficos) si necesita fotocopiar o escanear algún fragmento de esta obra (www.conlicencia.com; 91 702 19 70 / 93 272 04 45).

BIOGRAFÍA

Marianela González es *coach*, activista por la igualdad de género y consultora en desarrollo de negocios, especializada en el crecimiento profesional femenino.

Certificada por la Haute École de Coaching de París, posee un MBA otorgado por la Universidad ORT Uruguay y es licenciada en Relaciones Internacionales por la Universidad de la República.

Nacida en Montevideo, ha vivido y trabajado en Santiago de Chile, Sevilla, Madrid, Brisbane, Ginebra y París, ciudad donde reside actualmente.

Osadía es su primer libro y, sobre todo, un proyecto personal en el que ha volcado toda su pasión y su experiencia.

Para saber más de Marianela González y de Osadía, puedes visitar: www.marianela-gonzalez.com

A todas las mujeres que luchan día a día por ser libres.
A Josefina y a todas las niñas y jóvenes uruguayas.

ÍNDICE

Prólogo	9
Introducción	13
Leticia Mato	17
Giselle Della Mea	39
Victoria Alonsopérez	57
Fernanda Guliak	75
Pamela Martínez	91
Adriana Olaza	111
Macarena Botta	127
María Noel Riccetto	149
Beatriz Argimón	167
Conclusión	181
Anexo	185
Glosario	189
Agradecimientos	193

PRÓLOGO

Este libro es el resultado de búsquedas y encuentros, pero nació de una indignación. Hace tiempo que Marianela González se dedica como coach a impulsar a mujeres en su desarrollo profesional y personal. Y le molestaba que determinadas mujeres emprendedoras y valiosas no fueran más conocidas (y reconocidas) en Uruguay, al tiempo que siempre se pusiera el foco en los elementos frívolos de la imagen femenina. Entonces, decidió tomar cartas en el asunto.

Marianela González no es periodista, pero actuó como tal. Investigó, preparó entrevistas, preguntó, escuchó, volvió a preguntar y procesó. Yo tuve la suerte de acompañarla en el tramo final de ese trabajo.

En este libro vas a encontrar las voces de uruguayas "dueñas de su vida" y "fieles a sí mismas", al decir de Marianela. Conocerás mujeres extraordinarias pero que, al mismo tiempo, podrían ser la vecina del apartamento de al lado, o te las podrías cruzar en el supermercado o en la Rambla. También hallarás conversaciones con dos uruguayas famosas y emblemáticas: Beatriz Argimón, la primera mujer electa como vicepresidenta del país, y María Noel Riccetto, ex primera bailarina y directora del Ballet Nacional del Sodre.

Un hilo une a las entrevistadas. Está formado de perseverancia, motivación y la capacidad de reflexionar sobre sus propias decisiones y fracasos. Es de esa conciencia de la que Marianela logra obtener lo más provechoso: una gran cantidad de orientaciones y consejos, que la mayoría de las veces no son dados como tales sino que emergen de las experiencias de vida. Lo que este libro nos brinda son cápsulas de sabiduría empírica para que nos sirvan de inspiración.

Pero hay otro hilo que junta a estas mujeres, y es la propia Marianela. Entre líneas vas a poder captar sus inquietudes y sus asombros, sus pasiones y su entrega. Con sus preguntas intuirás su necesidad de entender qué las hace diferentes y su sintonía con los conceptos más trascendentes. Estoy segura de que al avanzar, entrevista a entrevista, te vas a dar cuenta de que ella es otra más de esas uruguayas extraordinarias que hay que tener en el radar.

Finalmente, este libro es un viaje de sororidad. Sí, lo sé, es una palabra tan glorificada y mancillada, según quien la pronuncie, llevada de los pelos para aquí y para allá. Pero es una palabra hermosa inventada hace relativamente poco. Lo hizo el escritor Miguel de Unamuno, quien, en 1921, escribía en relación a una tragedia de Sófocles: "¿Fraternal? No: habría que inventar otra palabra que no hay en castellano. Fraternal y fraternidad vienen de frater, hermano, y Antígona era soror, hermana. Y convendría acaso hablar de sororidad y de sororal, de hermandad femenina".

Marianela trabaja con y para mujeres; y aquí no solo cuenta historias de uruguayas destacadas, sino que despliega ese poder impulsor sororal que aparece cuando decidimos actuar con generosidad y darnos para adelante. Buen viaje.

Gabriela Malvasio
Periodista y editora de la sección Café y Negocios de *El Observador*;
directora de *Coach de Contenidos*

INTRODUCCIÓN

Visitando a una amiga en unos de mis viajes a Montevideo, vi de reojo un programa de televisión. El sonido estaba de fondo mientras conversábamos, imagino que se habría olvidado de apagar el televisor. Era la típica emisión donde se frivolizaba a una mujer joven presentándola de una manera en la que se la hacía visible por su belleza y juventud, pero no por su talento. Una de tantas emisiones de ese tipo a las que estoy acostumbrada y que me enojan siempre. Le pedí a mi amiga que lo apagara y, al mismo tiempo, pensé en Josefina, mi prima y la integrante más joven de mi familia, que tendría en ese entonces tres años. Imaginé qué triste sería si ella tuviera poco acceso en su futuro a mujeres que la inspirasen por su talento y creciera con esas imágenes que presentan tantos medios. Pensé en quejarme y me dije "en vez de eso, voy a hacer algo".

Esto viene de la mano con algo que me estaba pasando desde hacía tiempo: conocer, a través de los medios y desde el extranjero, a mujeres que desarrollaban proyectos innovadores en Uruguay pero que, al comentarlo con mis amigas al volver a Montevideo, me respondían que no las conocían. Fue así que surgió este proyecto, para compensar de alguna manera esta situación y poner mi grano de arena para que cambie.

Quise crear un libro que fuera como un manual. Útil, ameno, práctico, accesible y que inspirara. Mostrar posibilidades, dar ideas y abrir puertas a nivel profesional y personal a mujeres uruguayas que trabajan en distintas industrias. Este libro colaborativo existe gracias a las entrevistadas, y a todas ellas agradezco de corazón haber aceptado ser parte del proyecto y darme su tiempo, en general tan escaso.

INTRODUCCIÓN

Cuando tuve esta idea, recorrí algunas librerías uruguayas y también investigué para saber si existían libros similares, pero no encontré ninguno que documentara lo que estaban haciendo las mujeres uruguayas hoy. Esas mujeres emprendedoras de la vida que crean, transforman, colaboran e innovan para hacer un mundo mejor. Por ello decidí seguir adelante y compartir el camino recorrido por nueve mujeres uruguayas contemporáneas, a quienes admiro por su talento, su valentía, su perseverancia, su generosidad, sus valores y el tipo de proyectos que desarrollan.

Las entrevistas fueron realizadas entre finales de 2018 y 2020 y la pandemia[1] hizo que su publicación llegara unos meses después de lo previsto. Algunas entrevistas se hicieron *online* y otras en persona en Uruguay. La elección fue difícil porque hay muchas historias fantásticas y no sería posible incluirlas todas en un solo libro, así que los perfiles son intencionalmente variados para que todas las lectoras puedan identificarse en ellas.

Gabriela Malvasio también es parte de este libro. Fue la primera persona que leyó el manuscrito entero y fue la responsable de su primera edición. En la última etapa de este viaje fue, además, una gran compañera y mentora, confiando en el proyecto e intercambiando conmigo sus ideas valiosas y sus contactos. Es una mujer extremadamente generosa, positiva y talentosa, que siempre se hace tiempo para impulsar el trabajo de las emprendedoras uruguayas.

Hacer las entrevistas fue un disfrute enorme; en cada conversación aprendí, me inspiré, me reí. Y como *no escritora* que soy, asumí el riesgo de crear este libro imperfecto, donde espero que se refleje la pasión que sentí al realizarlo. Mi deseo es que los diálogos sean un espejo donde podamos reconocer nuestros propios miedos, logros y desafíos, poner palabras a lo que nos pasa, identificar procesos, entendernos y aceptarnos. Que sean una invitación a desplegar imaginarios y a desarrollar conocimientos y habilidades; a cambiar lo que no nos conviene y a generar una urgencia para hacer vivir lo que hay en nosotras.

---

(1) Covid-19

Leticia Mato

Acróbata. Fundadora y directora de CirComedia y CirOh! Mentora en Artista Emprendedor.

Entrevista realizada en Montevideo el 12 de enero de 2019.

"**Las mujeres uruguayas tenemos que aprender a sentarnos en primera fila**".

EMPRENDER POR EL LEGADO

Leticia es un huracán. Nos conocimos en un grupo de emprendedoras de Montevideo donde destacaba por su energía efervescente y su compromiso con las actividades en que se involucraba. Creativa y visionaria, ha logrado cambiar la visión tradicional del circo, volviéndolo una actividad profesional con la fundación de CirComedia, que tiene poco que ver con esos circos con personajes de película y vidas itinerantes. Hoy forma y certifica acróbatas en Montevideo con el objetivo de que puedan acceder a una profesión redituable, y su programa Artista Emprendedor es el único programa de mentoría para artistas que hay en Uruguay.

Conversamos en el *living* de CirComedia, un espacio colorido, con paredes cubiertas de frases personales y motivadoras, desde el que se ve por detrás el área donde entrenan los acróbatas, lleno de telas y aros gigantes que cuelgan del techo. Es una mezcla de oficina y hogar, donde circulan de manera constante alumnas y alumnos y miembros de su equipo de trabajo y donde se respiran ganas y vitalidad, haciendo honor a la consigna de la empresa: "Las pasiones se toman en serio".

Leticia es cálida, generosa, divertida, fiel a su verdad. Admiro su valentía y su historia personal, en la que ha ido lanzando ideas a contracorriente en condiciones no siempre favorables, innovando y transformándose, tanto ella como sus empresas. Siempre con la humildad de la aprendiza, dando y recibiendo ayuda. Además, me emociona saber que en este mundo vive una persona cuyo motor es demostrar a su hija que el amor lo conquista todo.

Leticia, ¿cómo te definís?
Como la rana sorda de la metáfora: soy una mujer ingenua y llena de inseguridades, gracias a lo cual logré cosas imposibles, solo por el hecho de que no sabía que eran difíciles o que no se podrían lograr. Pero, ¿puedo responderte también con una historia? Mi padre la cuenta tanto que ya

siento que me define: el día que nací, rompí un reloj. El jueves 17 de enero de 1985, mientras yo salía de mi madre y el ginecólogo tiraba de mi cabecita, un reloj viejo y grande de vidrio que estaba colgado en la pared de esa sala de la Casa de Galicia desde hacía años, cayó y estalló en mil pedazos haciendo un estruendo espantoso que asustó a todos. Así que, mientras me sacaba, el médico me miró y exclamó "¡la reputísima madre...!". A veces pienso que eso define mi vida. ¿Cómo? Simplemente, porque cuando siento que tengo algo grande entre las manos, el tiempo se paraliza para que yo pueda lograrlo. Nada más importa, el tiempo pasa a ser relativo y el objetivo a ser una necesidad vital.

" Soy una mujer ingenua y llena de inseguridades, gracias a lo cual logré cosas imposibles, solo por el hecho de que no sabía que eran difíciles o que no se podrían lograr ".

¿Soñaste con tener tu propia empresa y llegar a donde estás hoy? ¿O todo se dio naturalmente?
Más bien lo segundo. Cuando empecé, fue porque quería volver a engancharme con lo que me gustaba, que eran el circo y el teatro. A veces miro para atrás y no me doy cuenta de la magnitud de todo lo que se fue generando. Mismo hoy, trabajando con mujeres emprendedoras, cuando les paso un proceso y ciertos pasos para que tengan un orden, me doy cuenta de que yo no hice ese proceso. Yo fui haciendo y haciendo, y cuando me quise acordar habían pasado años. Descubrí la palabra emprendimiento cuando ya llevaba cuatro años trabajando, con 27 años. Ahí se dio la necesidad de crecer, de querer hacer más cosas, y me di cuenta de que la formación artística que tenía no me había brindado esas herramientas. Empecé a ordenar mis procesos, a involucrarme con ciertos organismos, a estudiar.

¿Cuál era tu formación artística?
Empecé a los 15 años con el teatro, cuando me fui a Argentina para hacer allá la carrera con Raúl Serrano. A eso de los 17 empecé a codearme de cerca con el tema del circo porque mi maestro en Uruguay

era historiador del circo. En ese momento no era lo que es ahora, que hay circos y clases por todos lados; era algo para muy poca gente y de grandes carpas que venían de todas partes del mundo. Empecé como autodidacta y después, ya mayor, me formé en Argentina en técnicas de acrobacia, pero mi título es el de actriz. Y ninguna de esas formaciones me había dado lo que necesitaba para emprender, como pasa también en otras profesiones.

¿En qué momento decidiste seguir el camino del circo y dejar la actuación?

De niña ya había visto circos, pero lo que me llamó la atención después, como ya he comentado, fue que mi maestro de teatro en Montevideo, Juan Antonio González Urtiaga, que es dramaturgo y director, había escrito mucho sobre el circo criollo. Yo me preguntaba "¿pero cuánto circo puede haber acá?". Se lo dije y me rezongó: "¿Sabés que Uruguay tiene una historia de más de 150 años de circo? Mucha gente dice que Uruguay no tiene historia de circo y tenemos una historia rica." Investigué, leí sus libros y me apasioné, porque me di cuenta de que es verdad. Estamos siempre con el tema de la danza, la música o el teatro como si fueran lo único que hay en el arte escénico. Fue el despertar de algo nuevo. Hoy en día, él va a CirComedia y da clases a mis alumnas sobre historia del circo.

Yo seguí haciendo la carrera de teatro, y cuando egresé me di cuenta de que todos esos años habían generado en mí más pasión por el circo. Cuando llegó la hora de pensar como emprendedora, aunque fuera de manera inconsciente, vi que en Uruguay la laguna no estaba en el teatro sino en el circo; es decir, había muchas cosas para hacer en esa área.

¿De dónde sale el nombre CirComedia?

Fue un *flash* de cuando era gurisa, que dije que si algún día lograba crear una compañía de circo le pondría CirComedia porque me gustan tanto el circo como el teatro. Para mí, era la palabra que fusionaba los dos mundos.

Cuando empezaste con CirComedia, ¿había otros circos en Uruguay?
Había una compañía muy grande que todavía está y que fue la primera. Y otra más chiquita. Pero eran de la corriente del circo más de lo que es el trabajo callejero, los espectáculos a la gorra, aunque daban clases también. Era un perfil que no me llamaba la atención. Entonces, fundé CirComedia buscando generar una corriente que fuera por otro lado, desde la profesionalización y la valorización del artista. Obviamente eso me generó muchísimos problemas, hasta el día de hoy. Porque acá se tiene una visión muy poética de que si sos artista de circo sos bohemio y lo hacés por amor al arte y no tenés que comercializar. Mi proyecto de vida y profesional va por otro lado, sin criticar esto. Simplemente, me perfilé por otro camino para generar un público que en Uruguay no existía, y nos fuimos separando en dos corrientes. Es parte del proceso; cuando venís con una idea nueva y una manera distinta de pensar te llevás opiniones no solicitadas.

¿Qué formaciones te sirvieron para hacer crecer tu empresa?
En realidad, mis formaciones fueron como autodidacta. A medida que me surgía la necesidad, iba buscando información o gente que era buena en eso para que me enseñara, o copiaba modelos. Llegó un punto en que formarme a nivel académico era complicado, por temas económicos, por temas de tiempo o porque no llegué a terminar el liceo. Empezar una carrera universitaria era difícil, sobre todo con una hija. Creo que uno de mis grandes secretos fue saber rodearme de personas que eran mucho mejores que yo en esas otras cosas. Trabajé con la red Emprenur, con la Organización de Mujeres Empresarias del Uruguay (OMEU), con Endeavor. Ellos apoyaron mi proyecto y me empezaron a formar y me ayudaron a esculpir un perfil mucho más emprendedor para que pudiera defenderme en las dos áreas.

> " Cuando venís con una idea nueva y una manera distinta de pensar te llevás opiniones no solicitadas ".

¿Cómo conociste a todas estas organizaciones?
Fue mi propia curiosidad la que me llevó a investigar. Encontré la red Emprenur, que es una red para emprendedores de la Universidad de la República. De ahí me llegó un llamado para apoyar proyectos de emprendimiento. Y, con mucho miedo, me apunté. Imaginaba que todos iban a ser universitarios, tecnológicos. Y fue tal cual. Cuando llegué, era "la del circo". Pero también fue una experiencia muy enriquecedora para ellos porque nunca habían trabajado con nadie de las artes escénicas. Les pregunté por qué no había artistas en estos programas. La respuesta fue "porque nunca se presentan". Ahí me di cuenta de la necesidad de conectar el artista con el ecosistema emprendedor. Para el artista, el señor con traje y corbata forma parte de otro mundo.

Así que empecé a buscar más organizaciones, y todas estuvieron interesadas en recibirme porque yo no tenía nada de diferente a cualquier otro emprendedor y lo que hacía era una novedad y un desafío para ellos. Empecé con OMEU y con Emprendemos Juntas, una iniciativa de Endeavor Uruguay y Coca-Cola. Di con el Centro de Innovación y Emprendimientos (CIE) de la Universidad ORT, y con los años esa relación se transformó en una alianza. Lo lindo del ecosistema emprendedor es eso, que está para generar redes, ayudarte, conectarte. Así surgió todo lo demás, también Artista Emprendedor.

¿Tu academia se inspira en el modelo de circos como el Circo del Sol por ejemplo?
Sí, he leído varios libros sobre su modelo de negocio. Uno de esos libros, que me costó mucho conseguir, lo leí para poder imitar ciertos aspectos de su forma de trabajar, por ejemplo la parte de los espectáculos. Nosotros funcionamos mucho con contratación para eventos privados, en los que se pueda mostrar algo muy grande porque hay presupuesto. Por ejemplo, hace poco nos llamaron para el aniversario de Ta-Ta Supermercados, para quienes hicimos un *show* en el LATU[1]. Me gusta que el circo se mueva en esos entornos para que se vea el valor que realmente

---

[1] Laboratorio Tecnológico del Uruguay.

tiene. Son entornos a los que se puede llegar haciendo las cosas bien y conectándose con otra gente. Cuando hacemos shows en la compañía cobramos entrada, no ponemos gorra ni sobres. Primero, porque me gusta transmitir el mensaje de que lo que hacemos tiene un valor y que se lo ponemos nosotros. Segundo, porque me gusta que la gente que se está formando sepa que se pueden hacer cosas realmente muy grandes, y que para ello se necesita dinero. Para hacer un espectáculo de calidad, con un buen vestuario y con buen juego de luces, para tener tiempo para ensayar. Tan simple como eso.

Hemos generado nuestro propio público. Por ejemplo, hace un par de años una alumna egresó y le hice todo el trabajo de asesoría desde Artista Emprendedor para que fundara su propia escuela de circo, y también lo hice con otras alumnas que crearon un par de escuelas en el interior del país. Aún si implica la competencia indirecta, me interesaba que, con los años, se empezaran a crear focos de trabajo con la misma corriente, para tener aliados y que más personas conocieran el circo. Eso lleva muchos años: imaginate que después de ocho años de trabajo recién hace dos que pude lograrlo. Por suerte, nos ha ido muy bien y de hecho, creamos una carrera que no existía para formar acróbatas con título. Tienen que presentar un examen y una tesis, igual que en cualquier carrera. Así también pueden tener un aval para ejercer la docencia.

> " Uno de mis grandes secretos fue saber rodearme de personas que eran mucho mejores que yo en esas otras cosas ".

¿Cómo creaste un programa de acróbatas que no existía?
Es buena la pregunta, porque yo era una más de las personas que se habían formado así, picoteando en talleres, y no tenía una idea de programa. Antes de abrir la primera sede de CirComedia estuve en Cuba, donde estudié con la compañía Danza Contemporánea de Cuba en La Habana. Me encantó su modelo de trabajo. Vi que la excelencia de los

cubanos era producto del trabajo, no tenía otra explicación: estaban diez u once horas trabajando, ensayando, bailando. Copié cosas del modelo que traje para acá.

Cuando volví a Uruguay, me reuní con una colega que es directora de una escuela de danza y tiene una carrera de formación en danza y vi cómo ella nivelaba por materias. Tenía algunas que eran curriculares, otras eran complementarias, vi cómo era el examen. También me junté con gente que hacía años que practicaba igual que yo, pero que eran licenciados en Educación Física, para poder diseñar algo con una base teórica y armar un programa. Y ahí lo creamos. Luego, algunos colegas del medio del circo me hicieron un boicot porque decían que después de tantos años de estudiar a ellos nunca nadie les había dado un título, y cómo ahora podía venir alguien, estudiar cuatro años y tener uno.

Fue muy duro en lo emocional, pero también por otras cosas. Por ejemplo, acá se estila mucho ir al parque a practicar y muchos alumnos iban al Parque Rodó. Me contaban que se juntaban con otros chicos a entrenar, y que cuando decían que eran de CirComedia no les hablaban más o les decían que tenían que irse de ahí porque a CirComedia solamente le interesaba la plata, que era re comercial. Todo eso me dolía porque les afectaba, y porque además ellos podían dejarse llevar por esa opinión y en ese momento la compañía era muy chica. Pero creo que cuando una hace las cosas bien y los alumnos lo ven porque son parte del proceso, no tienen por qué dejarse influenciar.

Al final el boicot no funcionó y CirComedia ya ha cumplido más de diez años. Cuando abrimos la última sede, personal de la competencia vino a pedirme trabajo. En ese momento pensé en cómo se dan vuelta las cosas, porque llega un punto en que, por más que te quieran boicotear, si una trabaja para crecer va a hacerlo. Igual CirComedia sigue siendo el que va aparte, el que sigue innovando, especialmente a partir de nuestra vinculación con el ecosistema de los emprendedores y los empresarios.

En los últimos dos años, lo que me parece un sueño es que nos llaman del extranjero y empezamos con intercambios internacionales. En 2018, hicimos un intercambio con el Ministerio Público del Estado de Bahía, de Brasil; nos mandaron gente para formar. Y ahora nos llamó una escuela de circo de Ecuador. Vamos a mandar a una profesora a vivir allí por seis meses para que nos represente y desarrolle la técnica, porque quieren copiar el modelo de la carrera. Nos contactaron ellos y cuando les pregunté por qué CirComedia dijeron que "porque buscamos e investigamos, y nos pareció la mejor". Eso fue como un mimo después de tantos años y tanto sacrificio, el decir "bien, vamos para adelante".

> **" Antes de abrir la primera sede de CirComedia estuve en Cuba, donde estudié con la compañía Danza Contemporánea de Cuba en La Habana. Me encantó su modelo de trabajo "**.

Imagino que tus alumnos tienen objetivos variados...
Sí, algunos vienen porque les aburre el gimnasio y el entrenamiento para los acróbatas es de los más completos que existen. Eso me encanta. Después está la gente que quiere vivir de esto y hacer carrera. Así también fui haciendo mi equipo, mi personal. Cuando egresan les ofrezco trabajo. Si veo que tienen un perfil independiente, les ayudo a generar sus propios emprendimientos; y si no, les invito a formar parte del equipo porque me interesa que la gente que tengo al lado haya pasado por ese proceso y lo pueda transmitir.

¿Qué se aprende en el programa Artista Emprendedor?
Lo primero, a tener una mentalidad abierta a gestionar los diferentes ecosistemas: el colectivo artístico y el emprendedor. Acá, en Uruguay, te dicen: del arte no se puede vivir, te vas a morir de hambre. Y los chicos y las chicas lo primero que tienen es el coraje de superar eso a pesar de lo que les dicen los demás, incluso su familia.

Después, a nivel técnico, adquieren las herramientas que fui descubriendo con los años. Por ejemplo, qué procesos seguir, qué contenidos debe tener mi idea. Primero hay que dar con la idea, porque mucha gente no sabe lo que quiere, testear si quieren realmente ser emprendedores y recorrer todo el camino que tienen por delante para lograrlo. Es algo de lo que hablo en la entrevista inicial antes de que empiecen el programa: saber si la persona está preparada y dispuesta a sacrificar tiempo para dedicar a su emprendimiento. Después se aprende a desarrollar diferentes sistemas y procesos para llevar la idea adelante, detectar las necesidades del emprendimiento y conectarlos con organismos de financiación, con asesores. Es un programa individual y colectivo. Los grupos son buenos porque generan contención.

¿Qué cualidad tuya te ayudó a llegar donde estás, y cuál es el desafío más difícil?
Por un lado, soy hija de comerciantes y creo que eso me llevó a crecer en un entorno donde de una manera natural se daba el estar todo el tiempo innovando. Siempre me di cuenta de que todo emprendimiento tiene que mutar, y que yo misma tengo que reinventarme también.

Me acuerdo de que cuando empecé me contacté con una *coach* y consultora de Puerto Rico que trabaja en Estados Unidos y me metí en su programa, el más económico, porque había buscado en Uruguay y no había encontrado nada similar. Esta mujer hacía seminarios *online*, y daba uno donde hablaba de sus clientes vip platino, esos que le pagaban miles de dólares por sus sesiones de mentoría. Le pregunté qué era el programa *vip platino* y me dijo que la gente pagaba mucho por tener más exclusividad con ella. Entonces pensé en hacer un programa *platino* para acróbatas. Una compañera me dijo que estaba loca, que no me lo iba a pagar nadie. Yo le dije que sí lo harían, porque una de las cosas que veía en otras escuelas es que siempre estaba lleno y la gente se quejaba de que en la clase llegaba a haber hasta 80 personas y se repartían las telas para las acrobacias, tenían que esperar. Yo, en ese momento, tenía un salón chiquitito con cuatro telas, así que me propuse abrir un programa donde el cupo fuera de cuatro personas, que tuvieran una clase exclusiva de tres horas para ellos, donde cada persona tuviera una tela y yo trabajara con ella. Se llenó enseguida. Ese mismo año abrí cuatro *horarios platino* porque la gente dijo "¡qué buena idea, una tela solo para mí!". Además puse beneficios, como tener un pase libre para el resto de los talleres.

Creo que una de mis capacidades es esa: buscar la innovación y tirarme al agua con mis ideas, de las cuales algunas fracasaron terriblemente. Pero siempre estoy generando ideas. La manera de aplicarlas capaz va con la segunda parte de tu pregunta. La ansiedad es mi talón de Aquiles. Las ponía todas en marcha y ya, la pienso hoy y mañana la idea está funcionando: está en la página web, están las inscripciones abiertas, tengo el profesor resuelto…, y hay veces en que no me llama ni mi madre para saber de qué se trata (risas), y otras veces llueven los interesados. Entonces, mi manera de trabajar es la de no tener procesos. Decido mucho desde la intuición y eso me lleva a que cuando tengo la idea en la cabeza la quiero hacer mañana porque, si no, pasado mañana ya tengo otra y se me pasó.

Por eso, algo que aprendí a valorar luego de trabajar con el sistema emprendedor fueron los procesos, que a veces para que salgan bien llevan tiempo. En 2018, cuando cumplimos diez años, empecé a valorar eso. En Endeavor me pusieron como mentora a Fernanda Ariceta, directora de la agencia de comunicación Alva Creative House. Me dijo que necesitaba tener procesos de trabajo para poder repetirlos, para planificar y para anticipar. Pensé: "Esto para mí va a ser imposible". Hice algunos cambios y de a poquito empecé a darme cuenta de la importancia del proceso, de la planificación con prioridades. Quizás sigue siendo uno de mis grandes asuntos a atender.

> " Creo que una de mis capacidades es esa:
> buscar la innovación y tirarme al agua con mis ideas,
> de las cuales algunas fracasaron terriblemente.
> Pero siempre estoy generando ideas ".

¿Has descubierto en estos años algo que te haga trabajar mejor?
Una de esas cosas es algo que escuché de Richard Branson: andar todo el tiempo con un cuaderno. Eso me sirvió mucho. Ahora soy una exagerada, porque tengo un cuaderno para CirComedia, uno personal, uno para la carrera y uno para no sé qué. Porque estás todo el tiempo desarrollando ideas y me ha pasado de decir "¡ah! tenía una idea buenísima y se me fue". Me pasa mucho planificando a futuro, decir "esto no lo voy a poder hacer ahora" pero, de pronto, a los tres meses puedo y no perdí esa idea porque la tenía anotada.

Creo que mi gran logro fue entender que, como emprendedora, una no tiene que crear trabajo sino crear un sistema. Mi gran desafío siempre fue crear un sistema que funcionara solo y todos estos años fueron pasos para conseguirlo. Como les digo a mis alumnos y profesores, la idea es que si yo mañana reviento como una chinche esto funcione solo. Creo que lo he logrado. He desarrollado CirComedia y en 2014 creamos la marca CircOh!, que es una línea de fabricación de equipamientos. Surgió porque yo no conseguía en Uruguay los elementos que necesitaba para el circo y tenía que importar todo de Argentina. Hablé con Jorge, mi pareja y mi socio, que fabrica de todo, y le propuse empezar a prototipar equipamientos. Así logramos abastecernos, y después abastecer a otras empresas, con productos personalizados. También tenemos Artista Emprendedor, que es una segunda marca satélite. Y en 2018 creamos Amor de Circo, que es una marca de productos personalizados para los amantes de la acrobacia bajo la consigna "El amor se lleva puesto"; es para todos los que quieren compartir, gritar al mundo su amor por el circo y la acrobacia. ¡Me encanta!

¿Hace mucho que tu pareja y vos son socios?
Con Jorge trabajamos juntos desde hace ocho años, y se dio de una manera natural. El es un *rigger*, que son los encargados técnicos de seguridad y de instalar y mantener todos estos equipamientos. Es muy de hacer, de los pies en la tierra; yo tengo ideas constantemente y él clasifica lo posible, lo imposible, lo urgente... Hoy, su presencia es tan vital como la mía. Él trabaja en todo lo que es seguridad, montaje y fabricación. Me sigue la pista en todo y me baja a tierra también.

" Mi gran logro fue entender que, como emprendedora, una no tiene que crear trabajo sino crear un sistema ".

¿Quién te inspira?
La lista es larga. Me inspiran mis padres, que son dos personas increíblemente trabajadoras y resilientes. Los he visto pasar por todo tipo de turbulencias y siempre han logrado resolverlas para que la familia se mantuviera unida y no nos faltara de nada. Mi hija, que, con doce años, tiene la habilidad de vivir en paz, siempre tiene el corazón pronto para empatizar y dar una mano. Mi compañero de vida, porque tiene una habilidad que parece de otro mundo a la hora de crear cosas de la nada; tiene una visión que admiro muchísimo.

Por supuesto, me inspira mi maestro, "Juanito" González Urtiaga. Es un artista impresionante con quien tuve el placer de formarme y que me enseñó a darle el valor a mi oficio como artista. Todavía hoy, cada vez que nos vemos, tiene proyectos como si recién empezara. Enrique Topolansky, director del CIE. Es un emprendedor que además inspira a otros emprendedores como nadie. Dedica su vida a apoyar a jóvenes a ir tras sus sueños; es admirable. Elena Tejeira, de Elena Tejeira Catering Art, una mujer que empezó de abajo y sin nada y supo montar un imperio de la gastronomía en Uruguay. Laura Raffo, empresaria y economista, que además tiene tiempo para ser mentora, para responderte un *mail*, tomarse un café contigo, rezongarte cuando ve que estás en mucha cosa y apoyarte; una genia. Fernanda Ariceta, a quien ya he citado, una empresaria que vive con el pie en el acelerador y aún así te da espacio para ayudarte en tu emprendimiento, compartir su experiencia y lograr cosas increíbles. No puedo olvidarme de Gabriela Malvasio, periodista y editora de Café y Negocios de *El Observador*. No importa cuánto corra para hacer bien su trabajo, criar a sus hijas o escribir artículos, siempre tiene proyectos para apoyar a los emprendedores y nunca te deja en banda. Saliendo del paisito, autores y empresarios como Robert Kiyosaki, T. Harv Eker, Leandro Viotto, Stephen Covey, Dale Carnegie, Sara Blakely, Warren Buffett, Richard Branson, Steve Jobs, Jack Ma y Jeff Bezos.

Sos activa en eventos de *networking*, ¿Por qué lo recomendarías a otras mujeres?
Porque, por lo general, los emprendedores somos personas solitarias. Somos como un perro verde en nuestro entorno íntimo. No todos entienden por qué hacemos lo que hacemos, o por qué no conseguimos un trabajo, en especial cuando los resultados exitosos aún no son visibles y una trabaja 14 o 16 horas diarias. Estos eventos está llenos de *perros verdes* como una, que te hacen ver que lo que estás pasando no te pasa solo a vos. Muchas veces te abren la cabeza, te dan resultados creativos desde la experiencia, y eso está buenísimo. Como van emprendedoras de todos los rubros, es muy probable que, simplemente conversando con una desconocida, encuentres allí a esa persona que te hace falta para resolver un problema en tu empresa.

¿Cómo se puede tener éxito profesional, siendo además madre a tiempo completo?
Se puede si tu hija es tu propósito, como en mi caso. Yo digo que la verdadera fundadora de CirComedia no fui yo, fue Francesca. Primero, porque si no me hubiera quedado embarazada nunca hubiera regresado a Uruguay, ya que estaba muy bien en Argentina, y, segundo, porque mi propósito para emprender no fue el emprender por sí mismo, ni por tener una compañía de circo, sino el pensar que si a mi me pasa algo, ¿qué le estoy dejando a mi hija? Y no me refiero a lo económico: yo quiero dejarle un legado. Yo trabajé siempre por el legado, no por ser útil o por el renombre, nada. Que mi hija pueda heredar esta posibilidad de que todo se puede lograr y que una tiene que vivir de lo que ama. Por eso CirComedia se para en la consigna de que las pasiones se toman en serio.

Yo fui madre soltera. Me apoyaron mis padres cuando volví a Uruguay y mi propósito era ella. Trabajo con muchas mujeres en Arena Emprendedora y escucho mucho eso: los hijos y los hijos, como si los hijos fueran la excusa. Yo digo que los hijos no tienen por qué ser la excusa, tienen que ser el por qué. Y el propósito no debe ser dejarles una fortuna. La fortuna que yo le podía dejar era decirle "mirá todo lo que se puede hacer cuando una realmente se entrega a lo que ama". Y capaz ella mañana quiere hacer algo completamente distinto, quiere ser armadora de flores y está bien, será la mejor armadora de flores que exista.

¿Cuál fue el momento que te hizo pensar en el legado?
El clic lo hice en la cama de un sanatorio. Me habían operado y los médicos detectaron células cancerígenas en mi cuerpo. Tenía que someterme a un tratamiento que, por su radiación, era peligroso para el entorno. Así que me aislaron por varios días. Pude pensar mucho, mirar hacia adentro y llegar a la conclusión de que tenía miedo. Tenía 23 años y estaba criando sola a mi hija. Entonces me di cuenta de que si algo me sucedía no le estaría heredando nada. Estaba trabajando de otra cosa que nada tenía que ver con mi amor al arte escénico y no me pareció una vida muy ejemplar. Allí concluí que trabajaría por dejarle a mi hija algo tan grande que no hiciera más que inspirarla a ir a por sus sueños. Trabajar por el legado creo que tiene que ser el gran propósito de todos los emprendedores.

> **" Los hijos no tienen por qué ser la excusa, tienen que ser el por qué. Y el propósito no debe ser dejarles una fortuna. La fortuna que yo le podía dejar era decirle "mirá todo lo que se puede hacer cuando una realmente se entrega a lo que ama ".**

¿Cómo te organizás para crear e impulsar tantas actividades?
No sé (risas). Creo que después de tantos años, como que una tiene un ritmo en el cuerpo. No duermo ocho horas, ¡pero tampoco soy de esas inconscientes que duermen dos! Mis cinco, seis horas, me las duermo. Además, este año tengo una persona más que me ayuda en el local y voy a tener más tiempo para estar con mi hija. Aprendí a decir que no. Ordené mis prioridades. Mi gran desafío es delegar, aunque es obvio que nadie hace las cosas tan bien como las hace una (más risas). Un día, Gabriel Colla, de Infocorp, un megaemprendedor, un genio, me dijo: "Lo que tenemos que evaluar cuando delegamos es ver qué vamos a hacer con ese tiempo que estamos dándole a otro. O sea, en qué es

productivo mi tiempo". Y tomé la decisión de delegar en áreas en las que me daba miedo hacerlo.

Por otra parte, soy de la agenda de papel. Me ayuda reservarme cinco minutos de cada mañana para hacerme una lista de todas las cosas que tengo que hacer en el día, y cuando llega el final de la jornada las tengo que haber cumplido. Nada más. Después, obviamente, en el medio resuelvo imprevistos.

¿Cómo gestionás esa ansiedad de la que hablabas antes?
Es la pregunta más difícil (risas). Lo primero que hago es algo que me dijo Fernanda Ariceta: "Bancátela, perdónate". Todo el mundo te dice "bajá la ansiedad". ¿Por qué? Una cosa que hice fue asumirme: ta, soy así. Para unas cosas es malo, para otras cosas es bueno, pero soy así en esencia. Ahora, cuando me dicen "baja la ansiedad", les respondo que no voy a bajar nada porque soy así. Ese creo que fue el primer paso para manejarlo. Después, una cosa que me ayuda mucho es leer. Me encanta leer libros sobre emprendimiento e historias de vida de emprendedores; aprendo mucho.

También recuerdo que hace un par de años escuché a Cristina Mosca, de la tienda Bookshop, otra gran emprendedora, que dijo en una conferencia llena de empresarios que "si yo no me hubiera entregado a mi lado espiritual no hubiera logrado todo lo que logré". Me pareció muy importante que una mujer de negocios lo asumiera, porque es casi como una debilidad que un empresario lo haga. Muchos la miraron con cara rara, pero a mí me resulta vital crearme el hábito de tomarme al menos diez minutos por día para cerrar los ojos y mirar para adentro. Porque todo este proceso de asumirse llega porque una está tratando de silenciar la cabeza. Eso me ayuda a perdonarme los errores, me da mucha paz. A veces no lo hacemos porque nos da miedo lo que vamos a encontrar, pero creo que es un trabajo que tenemos que hacer todos: tenemos que tener nuestro cable a tierra. Por ejemplo, si Francesca tiene tal evento en la escuela, yo voy a estar ahí. Porque si la dejo a ella de lado por mis cosas, perdí mi propósito.

Creo que es muy positivo que en este momento tanto emprendedoras como líderes de opinión hablen sobre la importancia del equilibrio entre la vida personal y la profesional...
Totalmente. El que la mujer se haya metido en el mundo emprendedor y empresarial tiene mucho que ver. Porque naturalmente la mujer atiende un montón de cosas que no puede dejar de lado. Me pasó cuando trabajé en el programa Emprendemos Juntas, en el que había un hombre que daba la parte teórica y explicaba el método Canvas, que tiene nueve bloques donde vos tenés que tener todo perfecto, tus alianzas, la estrategia de negocios, los ingresos, etc. Cuando terminaba, las mujeres tenían cara de terror, de culpa; entonces yo dije de sacar el tapón de la presión, esto no es tan vital. Porque se supone que, en medio de ese Canvas perfecto, vos estás yendo a buscar a tu hija al colegio, preparando el *táper*, lavando la ropa, haciendo un montón de cosas.

> " Si Francesca tiene tal evento en la escuela, yo voy a estar ahí. Porque si la dejo a ella de lado por mis cosas, perdí mi propósito ".

¿Cuál creés que es la clave de tu éxito profesional?
El enfoque y la insistencia. No dudo ni por un minuto de que voy a tener éxito, aunque eso requiera muchos fracasos. Estoy segura de que voy a alcanzar mis objetivos. No tengo una explicación para eso, simplemente lo sé. Quizás es que soy muy insistente, pesada, tenaz. Cuando se me mete algo entre ceja y ceja, persigo la liebre hasta alcanzarla. Cuando desisto de algo es porque ya no me apasiona, pero nunca porque tenga muchos obstáculos. La insistencia también es la cualidad de adaptarte creativamente a todas las situaciones, una se vuelve medio camaleónica. Pero trabajar por el legado es el propósito, el ancla de los sueños. Y como una cosa tiene que ver con la otra, esto me mantiene en pie y me motiva a seguir enfocada e insistir.

¿Qué consejo darías a tu "yo joven" que quiere emprender por primera vez?

Que emprender es un estilo de vida, no un trabajo. Y es un estilo de vida no apto para perezosas. Que espere mientras hace. Cuando damos nuestros primeros pasos para emprender, solemos frustrarnos porque los resultados no son los deseados en el corto plazo. Eso hace que suframos mucho porque parece que las cosas no salen como las planeamos, o como meceriéramos que sucedan por todo el esfuerzo. Pero emprender es así: es hacer y hacer mientras debajo de la tierra van echando raíces los resultados. Y como no las vemos creemos que no están, pero cuando nos queremos acordar estamos tomando mate a la sombra de nuestro propio árbol. También le diría que se anime a que sus primeras versiones no sean buenas. Por lo general, es así. Luego de unos años miramos para atrás y no podemos creer cómo hacíamos las cosas. Hasta nos da un poco de vergüenza. Siempre digo que no importa si lo estás haciendo horrible, lo que importa es que lo estás haciendo. El éxito es de los que hacen.

> " Emprender es un estilo de vida, no un trabajo. Y es un estilo de vida no apto para perezosas (...) También le diría que se anime a que sus primeras versiones no sean buenas ".

¿Cómo ves el ámbito emprendedor uruguayo?

Efervescente. En un momento ideal para todos los que quieren emprender. Hay apoyo y programas, mentorías, institutos de perfeccionamiento, cursos, charlas, fondos..., para cualquier etapa de emprendimiento en el que te encuentres. Además, se está dando mucho protagonismo a la mujer emprendedora, y eso es fantástico porque lo necesitamos.

¿Qué necesita la emprendedora uruguaya hoy?

Menos excusas. Las mujeres somos muy de que la casa, los hijos, la escuela, la familia, la vida... Pensamos demasiado las cosas porque tenemos miedo a equivocarnos. Nuestro espíritu altruista natural por el que siempre nos sacrificamos por nuestros seres queridos hace que el miedo a equivocarse sea un impedimento para luchar por nuestros sueños. Tenemos que aprender a sentarnos en primera fila, a salir del fondo y ser las protagonistas de nuestra historia, permitirnos el error en pos de la realización. Uruguay es un país chiquito pero nosotras somos grandes, y necesitamos pisar fuerte sin miedo a hacer demasiado ruido.

> " Tenemos que aprender a sentarnos en primera fila, a salir del fondo y ser las protagonistas de nuestra historia (...) necesitamos pisar fuerte sin miedo a hacer demasiado ruido ".

Este es un libro para inspirar a las uruguayas para que cumplan sus sueños profesionales más ambiciosos. ¿Qué mensaje te gustaría transmitirles?
Que la ambición es muy buena. Que la idiosincrasia uruguaya nos hace crecer pensando que la ambición es algo feo, algo malo. El uruguayo ama la frase "pobre pero honrado", entonces parece que la ambición es para los deshonestos. Confundimos humildad con sumisión y eso es complicado. Por eso me gustaría transmitirles confianza, que crean en ellas mismas y salgan a cazar su liebre. Con humildad y con ambición. Se puede. Es ridículo pensar que nuestro único pasaje seguro por esta vida sea para cumplir los sueños de otros.

Y destaco la importancia de los mentores. Las mujeres somos muy del "hágalo usted misma", y ese puede ser nuestro peor boicot. Hay hombres y mujeres que ya se encuentran donde nosotras queremos estar, tenemos que ser atrevidas, golpearles la puerta y preguntarles cómo lo hicieron. Un secreto del ecosistema emprendedor es que es muy generoso, y que a los grandes maestros que nos inspiran por lo general les encanta compartir su experiencia para apoyar a quienes desean triunfar.

Si te doy una varita mágica con un deseo para Uruguay, ¿qué pedirías?
Tolerancia. Lamentablemente, estamos en un momento en el que el fanatismo de las ideologías nos tiene polarizados y somos muy poquitos como para estar enfrentados. Necesitamos asumir que no vamos a estar de acuerdo, pero aún así defender el derecho del otro a expresarse.

Al final de tu vida, ¿qué te gustaría que escribieran sobre vos?
Que inspiré a otros con mis acciones. Que no me callé la boca. Y que mi recorrido por esta vida hizo mejor la vida de otras personas.

¿Tenés una canción que te motive?
Vas a bailar, de Ciro y Los Persas.

Apuntes

Como emprendedora, tu tarea no es crear un trabajo sino un sistema.

Formate a tu manera, para crecer profesionalmente.

Animate a que tus primeras versiones no sean buenas.

Conectá tu proyecto profesional con tu propósito personal.

Activá redes para no trabajar en solitario.

Las mentoras y los mentores son clave.

Aceptá tu esencia.

"Las mujeres somos muy del "hágalo usted misma", y ese puede ser nuestro peor boicot. Hay hombres y mujeres que ya se encuentran donde nosotras queremos estar, tenemos que ser atrevidas, golpearles la puerta y preguntarles cómo lo hicieron".

Leticia Mato

Giselle Della Mea

Fundadora y CEO de 3Vectores. Cofundadora de Innodriven. Experta en Design Thinking.

Entrevista realizada en Montevideo el 19 de marzo de 2018.

"¡Vale la pena vivir y emprender por un propósito!".

INGENUIDAD E INNOVACIÓN PARA MEJORAR EL MUNDO

Giselle es una pionera, una optimista exploradora de nuevas ideas y una mujer de acción que genera proyectos, comunidades y empresas buscando un mundo más ecológico y más inclusivo.

Fue en 2012 cuando vivía en Ginebra, la primera vez que escuché su nombre. Un amigo que trabajaba en el Foro Económico Mundial me preguntó si conocía a una uruguaya que conversaba con ellos para lanzar en nuestro país, una comunidad de jóvenes líderes globales que impulsaba dicha organización a nivel internacional, los *Global Shapers*[1]. Enseguida me puse a leer sobre Giselle. Todavía hoy recuerdo cuánto me sorprendió saber que en Montevideo había una persona que, estando tan lejos, conocía estas iniciativas y las llevaba a nuestro país, conectando jóvenes uruguayos con personas de todo el mundo. Me enseñó que las fronteras geográficas no son una limitante cuando se tienen una visión fuerte y una misión común.

Giselle es especialista en diseño de negocios, concepto que explica a lo largo de la entrevista. Como emprendedora, cofundó Innodriven y el estudio de diseño regenerativo 3Vectores, que es la primera Empresa B[2] de Uruguay. También es cofundadora de Sistema B Uruguay y presidenta de su directorio, profesora de Design Thinking en la Universidad ORT y organizadora del TEDx[3] Punta del Este. En 2018, la revista *The Economist* se refirió a ella como *changemaker*: un líder que tiene el potencial de ser una figura influyente en las próximas décadas.

---

(1) Iniciativa del Foro Económico Mundial que genera redes de centros de creación de valor e impacto positivo, liderados por menores de treinta años interesados en desarrollar su liderazgo y ponerlo al servicio de la sociedad.

(2) Una Empresa B tiene un modelo de negocio que busca generar, mediante el compromiso y la transparencia, un impacto positivo en la economía, la sociedad y el medio ambiente.

(3) Con el ánimo de difundir ideas valiosas, TEDx es un programa de conferencias locales, organizadas de forma independiente, que permiten disfrutar de una experiencia similar a las conferencias TED (ver Glosario).

Cuando llegué a su oficina en el barrio montevideano de El Buceo, imaginaba que me iba a encontrar una representante del "Sillicon Valley uruguayo", una emprendedora como las que he visto en los medios, de las que hacen mil cosas al mismo tiempo, acelerada. Agradecí que me abriese la puerta relajada y sonriente, usando una remera donde se leía *"To do list: nothing"*.

Me encantó conocer a Giselle. Es espontánea, alegre, sencilla; de mentalidad global y abierta. A lo largo de nuestra charla me contó muchas anécdotas, exagerando a veces y adrede su acento de Soriano. Nos reímos mucho y pensé que si no fuese consultora debería ser humorista, porque tiene un sentido del humor y una energía increíbles. Es una líder talentosa y empática, sensible a los desafíos de nuestra sociedad y comprometida a actuar en consecuencia.

Giselle, ¿cómo te definís?
Si me hubieras preguntado esto tres años atrás, te hubiera dicho solamente diseñadora, emprendedora. Pero hoy te digo que soy mamá primero y después todo lo demás. Ser mamá me dio la necesidad de trabajar menos horas, de simplificar procesos y dejar de lado lo superfluo para estar más tiempo con mi hija. Me cambiaron los valores, la forma de ejecutar y de gestionar las cosas. Pero si tengo que resumir mi ADN es "ciento por ciento de diseño". Eso sí, soy una persona muy intuitiva, en ninguna de las cosas que hago tengo un proceso lógico (se ríe). Me fui entrenando para usar mi racionalidad, para ordenar mi intuición. El diseño combina el lado racional y el emocional.

¿Cómo desarrollás esa intuición?
Fue un proceso. Algunas veces me mareé mucho por mi intuición, no la dejaba emerger. Me ponía ideas en la cabeza de que tenía que dedicar no sé cuántas horas para hacer esto, y no paraba. Porque a una le parece que si no está tecleando, no está siendo productiva. Si te fijás en la mayoría de las empresas, lo que menos se potencia es este lado creativo e intuitivo y lo que más se valora todavía es lo racional. Pero de repente paraba un momento, me despejaba ¡y me venía una idea mucho más clara, mucho más concreta que eran unas pocas letras de tipeo!

La intuición la ejercité a través del autoconocimiento, confiando más en mí misma, tomando decisiones de manera ciento por ciento intuitiva y viendo qué me daba mejores resultados. En definitiva, abriendo más mis sentidos, investigando y experimentando la improvisación.

Tu remera tiene escrito *To do list: nothing*. ¿El no tener lista de tareas describe tu manera de trabajar?
El día que me despierte con la *To do list* hecha es porque estoy viviendo en un nivel de presente sublime. Cuando ya no tenés agenda ni la lista de mil tareas es genial. Hay gente así, que en el año tiene cuatro cosas marcadas y el resto es un fluir. Imagino que los grandes gurúes como Nelson Mandela vivían así, usando su intuición al ciento por ciento. No creo que tuvieran listas para hacer (se ríe). Tiene que ver con vivir todo el tiempo en el presente, pero no es fácil. Tenés que tener muchas habilidades, bajar las responsabilidades, delegar y soltar.

Creaste y dirigís dos emprendimientos; sos conferencista, profesora, consultora, madre. ¿Cómo te organizás?
La clave está en la simplificación; en saber el momentito en que soy útil, que no es en todo. Porque de todo lo que ves que hago, seguramente en unas cosas haya tenido que ver el 100 %, en otras el 30 %, en otras el 50 %, en otras el 20%; pero donde estuve lo hice con conciencia plena de dónde podía agregar valor. Mi proceso más fuerte es saber pasar de un estado de divergencia a uno de convergencia. ¿Viste ese momento en que dijiste "y al final me encontré un año procesando y explorando proyectos que quería hacer, inspirándome"? Bueno, en ese momento estabas en un proceso de divergencia, recolectando cosas, y necesitaste una *coach* que te ayudara a ordenarlas y detectar dónde estaba lo que realmente querías hacer. Eso es lo que me caracteriza: ver rápidamente muchas cosas a la vez, mapear, identificar lo que se repite, los patrones, y pasarlo a una sola hoja. Abstraer lo complejo.

> **" La clave está en la simplificación;
> en saber el momentito en que soy útil, que no es en todo ".**

Eso lo hago a través del proceso de diseño. Como este gráfico que tengo impreso en la pared de mi oficina: a los puntitos que están ahí les llamo los patrones, lo que se repitió y se repitió; y la línea recta es lo que sentís al final del día, cuando te alineaste y conseguiste lo que querés hacer, conseguís el foco.

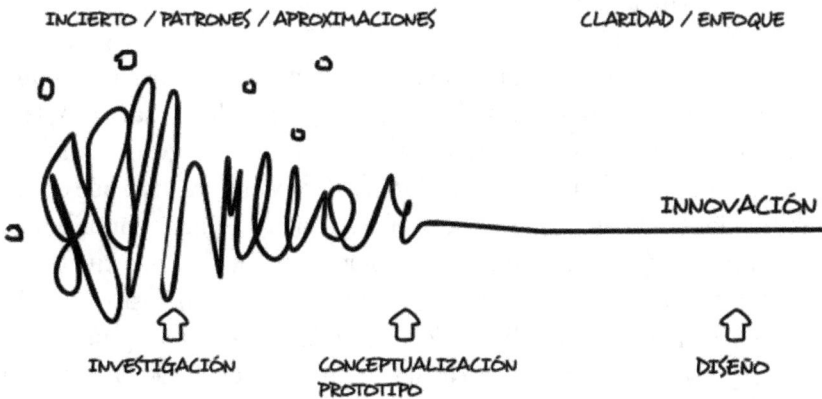

Estudiaste diseño gráfico y trabajás como consultora en diseño de negocios. ¿Cómo fue esa transición?
Al principio mis clientes venían a pedirme un logo. Yo les preguntaba para qué lo querían. Me contaban que era para tal emprendimiento y que tenían esta idea y esta otra. Pero nada de lo que traían estaba bien aterrizado. Terminaba haciéndoles preguntas que trascendían el hecho de hacer el logo. Me di cuenta de que estaba empezando un proceso y una gestión que tenía que ver más con definir una idea, y que estaba siempre orientado a un emprendimiento. Trascendía el diseño gráfico; hacía el proceso creativo de la mano del cliente y lo llevaba hacia una solución.

Luego, un día, vi de casualidad un *mail* que me había caído a la carpeta de *spam*. Hablaba de una beca para estudiar Business Design en la Domus Academy de Milán dirigida a descendientes de italianos para un proyecto que se llamaba Made in Italy. No sabía qué significaba, pero encontré que *business* y *design* hacían sentido juntas, así que postulé y quedé seleccionada. Ese máster me sirvió para entender el valor que agrega el diseño a los negocios y el diferencial que se genera en un país cuando se enfoca en el diseño. No es lo mismo un producto *made in Italy* que uno *made in China*; existe un imaginario de que uno es mejor que el otro por el valor del diseño. La diferencia está en el diseño, sí, pero no desde el punto de vista estético sino de experiencia, funcionalidad y valor ético de la marca.

Cuando volví a Uruguay, me pasó como con muchas cosas nuevas que una aprende y después cuesta incorporarlas en el día a día. Pero de a poco fui entendiendo cómo agregarle valor a la parte gráfica y me di cuenta de que yo era más fuerte en liderar el proceso creativo que en las habilidades técnicas, y que mis clientes querían trabajar conmigo más por el proceso que ofrecía que por la solución final. Esto que cuento en minutos fue un proceso de años. Imaginate que estudié esto en 2007 y en 2010 empecé a dar talleres de *design thinking*, pero seguía con el cliente que venía a pedir el logo de una pyme. Recién desde hace cuatro o cinco años lo hago integrado.

Tu empresa 3Vectores es la primera certificada como Empresa B en Uruguay. Las Empresas B redefinen el sentido del éxito de la empresa, aspiran a ser la mejor empresa para el mundo y no solo del mundo. Se comprometen a tomar decisiones considerando las consecuencias de sus acciones a largo plazo en la comunidad y el medioambiente. ¿Cómo obtuvieron esa certificación y cómo iniciaste ese movimiento en nuestro país?
En 2010, conocí en Estados Unidos la organización B Lab, que tenía una herramienta para la certificación de Empresas B que se llamaba B Corporation. Me pareció demasiado corporativo y me dije que no era para nosotros. Lo que yo buscaba era la evolución de los modelos de negocios, de alguna manera iba hacia la sustentabilidad. Entonces, un amigo emprendedor chileno se certificó como Empresa B y me enteré de que en Latinoamérica se quería hacer con el mismo sistema de Estados Unidos, pero entre varios actores: consumidores, público, academia, mercado, política, empresas. Y me dije "ahora sí, porque

es sistémico". Fue Latinoamérica la que le dio el enfoque sistémico ya que en Estados Unidos el enfoque era más de mercado. ¡Y quise que pasara en Uruguay!

Nos certificamos como Empresa B en 2014 y hoy somos diez Empresas B en Uruguay. Sistema B internacional nos apoyó, conseguimos fondos y cocreamos el programa Multiplicadores B[4], que fue el semillero para hacer nacer el movimiento. Yo lancé el proyecto, pero la comunidad estaba; solo que no estaba conectada ni validada.

Conocí tu trabajo cuando creabas la primera comunidad de Global Shapers o transformadores globales en Uruguay. Los Shapers son jóvenes líderes de entre 20 y 30 años, interesados en desarrollar su nivel de liderazgo hacia el servicio de la sociedad. Esto es muy positivo, porque no hay muchas instancias en que los jóvenes puedan beneficiarse de una estructura que les permita organizarse, para hacer cambios positivos en su comunidad y al mismo tiempo vincularse con jóvenes de otros países con quienes comparten visión y valores. ¿Cómo sucedió y qué te aportó?
Mi socia Delfina Zagarzazú había vivido en Estados Unidos y había trabajado en una empresa donde su jefa tenía contactos con el Foro Económico Mundial. Volvió a vivir a Uruguay muy interesada en trabajar en temas de sustentabilidad, igual que yo. Se nos ocurrió traer comunidades que generasen estas conversaciones y Global Shapers es una de ellas. Cuando tuvimos la idea, contactamos con el Foro, de quienes dependen estas comunidades, creamos el equipo que necesitábamos y así abrimos en Uruguay un *hub* de Global Shapers, que es una comunidad de jóvenes que representa a todos los sectores de la sociedad y que promueve soluciones a desafíos locales y globales.

---

(4) Multiplicadores B se puede definir como una capacitación donde el objetivo principal es empoderar a colaboradores, empresarios y cualquier persona interesada en ser impulsora y agente de cambio desde el lugar que ocupan en la sociedad

Este proceso me ayudó mucho a identificar personas con las que hoy trabajamos, porque cuando no tenés plata para decir "contrato un equipo de veinte personas y pruebo" lo que tenés que hacer es activar redes que visibilicen personas con quienes luego podés trabajar y captar talento. Entre los integrantes nos fuimos conociendo porque compartíamos intereses y un mismo propósito. El equipo con el que hoy trabajo se formó de manera orgánica, no por llamados. Es un proceso que toma tiempo y no se puede imponer. Me doy cuenta de la conexión y observo, espero el momento. Haber coliderado esa comunidad me ayudó a entender el liderazgo, cómo se empoderan los jóvenes que vienen de diferentes contextos y cómo esto les ayuda a dar un vuelco en su vida. Un ejemplo de esas personas que cambiaron el rumbo de su vida con los Global Shapers es el de Paula Mosera. Lo dice siempre y lo menciona incluso en su charla TEDx Montevideo[5], cuando cuenta que haber trabajado como voluntaria en muchas ONG 's en distintos barrios en su tiempo libre, le permitió conocer la desigualdad de oportunidades. Y eso finalmente cambió el rumbo de su carrera profesional pasando a trabajar en empresas sociales.

> " Cuando no tenés plata para decir "contrato un equipo de veinte personas y pruebo" lo que tenés que hacer es activar redes que visibilicen personas con quienes luego podés trabajar y captar talento ".

¿Por qué te interesó obtener la licencia para organizar eventos TEDx en Punta del Este?
La licencia se da por ciudades. En Montevideo ya estaba concedida y el evento está más orientado a lo tecnológico; nosotros queríamos hacer uno relacionado con la sustentabilidad. Y pensamos que los temas de sustentabilidad los tenían que escuchar los grandes millonarios. Además,

---

(5) Cómo hacer el bien y ganar dinero al mismo tiempo.

mucha gente se fue a vivir a Punta del Este buscando un equilibrio de vida. En uno de los TEDx hablamos de inclusión en Enjoy, el lugar más exclusivo de Punta del Este. Era una hermosa contradicción: en el mismo lugar tenías personas con capacidades diferentes disertando y, unos pisos más abajo, un millonario se jugaba miles de dólares en la ruleta. Yo no tengo que enojarme con eso, nadie es culpable por tener plata; al contrario, tengo que ir ahí a plantar una semilla. La palabra exclusivo no debería estar en el diccionario. Era cómico ver que cinco años atrás entrábamos al Enjoy con un cartel hecho de basura, rodeados de materiales importados, costosos pero poco amigables con el medio ambiente.

¿Dónde encontrás inspiración para tu trabajo?
Había una época en la que siempre buscaba inspiración afuera. Ahora la busco dentro de mí. Y a cada persona que viene le digo lo mismo. Pero me inspiraron mucho Tim Brown, Tom Kelley, Yvon Chouinard, Muhammad Yunus, Otto C. Scharmer, Vandana Shiva, Janine Benyus... y, últimamente, amigos y amigas del entorno de las nuevas economías. Además, el otro día conocí a la coordinadora residente de Naciones Unidas en Uruguay, Mireia Villar. ¿Viste esas personas que te movilizan y te dan ganas de salir corriendo a hacer cosas? Hacía tiempo que no escuchaba a alguien que me inspirase así. También me inspira mucho el diseño europeo, los arquitectos Bjarke Ingels y Michel Rojkind. La serie de televisión *Abstract: The Art Of Design* me sirvió para validar algunas cosas, y también me mostró caminos que no quería seguir. Pero ahora me inspiro en las cosas cotidianas, mucho más simples, en los pueblos, en las ciudades, en la naturaleza. Me encantaría tomar un año, tener un *motorhome* e irnos... Sería mi sueño.

Otra cosa que hago es no leer las noticias, porque me parece que la creatividad tiene que ver mucho con ser más ingenua y no estar intoxicada. Me encanta que me digan "que ingenua que sos". Cuando nos volvemos mayores, nos volvemos naturalmente más ingenuas. Ejercitemos esa ingenuidad desde ahora, siempre con los pies en la tierra, claro.

A las personas creativas a veces les cuesta pasar a la etapa de ejecución. ¿Qué recomendarías para superar este desafío?
Antes, cuando pasaba por un proceso de inspiración me pasaba que no dormía. Durante estos procesos te hiperestimulás el cerebro; trabajás conexiones nuevas y el cerebro no te deja dormir porque está continuamente activado, repasando los circuitos nuevos que abrió. Bueno, no soy neurocientífica, sé lo que a mí me pasó (se ríe). Después ya conocés tanto ese estado que empezás a incorporarlo de otra manera, sabés cuándo tenés que soltar la inspiración para no sobrestimularte. Como me dijo una vez un amigo: un creativo encerrado con internet es un arma suicida. Porque la única limitante de estos procesos es el tiempo.

De hecho, muchos emprendimientos fracasan por dos cosas; por un proceso de hiperinspiración que no llega a nada, o por la típica parálisis por análisis y falta de foco: tengo demasiada información, lo analizo absolutamente todo y no me animo a dar el próximo paso. Y va a ser infinito lo que vas a poder analizar y lo único para dar el paso es la experimentación, la intuición. El pensamiento de diseño busca justamente evitar eso: el exceso de análisis y de profundización. Me baso en las experiencias anteriores y doy el próximo paso antes de que la ansiedad me frustre.

Sin duda, este proceso varía según la persona y cada una lo vive de acuerdo a sus necesidades y tiempos. El consejo que puedo dar es, por un lado, meterse la mayor cantidad de veces posible en el proceso creativo, no encerrarse en una sola tarea, simplificar al máximo los procesos. Es decir, para cada cosa que hago, pensar durante dos minutos si hay una manera más sencilla de hacerlo. ¡No trabajar más de ocho horas, porque no tenés capacidad de pensar! Si trabajás tanto, ¿cuándo pensás? Cuando trabajás con la computadora estás ejecutando, pero bloqueás tu intuición. Yo aprendí a hacerlo y voy alternando. Cierro la computadora para no ser unidireccional. Cuanto más explores otras disciplinas, cuanto más te abras hacia otras cosas, cuanto más salgas de tu zona de confort, más fácil va a ser tu laburo. Cuando hablo de salir de tu zona de confort puede ser tocar el piano, dar una conferencia, lo que sea. Puede ser algo sencillo.

Para muchas personas salir de su zona de confort es algo natural, como creo que es tu caso. ¿Qué pueden hacer las que no se animan?
En mi caso, la expresión del ser, empezó desde chiquita. Yo no hacía nada por complacer a mis padres. Siempre fui muy extravertida, con procesos internos muy introvertidos. Recuerdo que cuando la maestra me enseñaba con pasión, con cierta energía, no me perdía ni un segundo de la clase, pero cuando no era así me aburría y hacía foco en mi mundo creativo. Antes eso se veía como falta de atención, hoy entiendo por qué era. Esto se suma a que cuando éramos niños no solo no nos estimulaban los procesos creativos, sino al revés: "quédate quieta", "no te muevas"… Ahora sí los estimulamos mucho más.

Yo salí de mi zona de confort con viajes o metiéndome en una maestría sin saber lo que iba a estudiar después, tomando proyectos que no tenía ni idea de cómo los iba a resolver. Pero siempre hay cosas sencillas. Por ejemplo, durante una estadía en Río de Janeiro, al tercer día me aburrí de la playa y de la caipiriña y decidí ir a recorrer las favelas, porque quería aprender.

Pasa también con las conferencias. Las primeras que di fueron en España cuando tenía 32 años. Soy de un pueblo, Dolores, no fui a colegio privado ni bilingüe, así que eso era empujarme para sacarme de mi zona de confort. No me importaba lo que dijeran, no me conocía nadie. Así me fui entrenando. Si hoy me llaman para hacer una conferencia en cualquier parte del mundo, puedo ir tranquilamente en plan familiar con mi hija y con Nico (su marido y socio), disfrutar y dar una buena presentación, porque pasé antes por todo lo otro. ¡Y mirá que al principio tenía pánico escénico! La clave fue la serenidad: hacer silencio, dejar fluir, aquietar mi mente, escuchar mi intuición. La confianza es fundamental; en uno, en el otro, en el sistema. Cuanto más viajás, más te das cuenta de que en el mundo hay más cosas buenas que malas. Ves empatía, cómo la gente resuelve los problemas y se ayuda mutuamente. No se puede vivir en un sistema de valores donde todo el mundo tiene miedo.

" La clave fue la serenidad: hacer silencio, dejar fluir, aquietar mi mente, escuchar mi intuición. La confianza es fundamental; en uno, en el otro, en el sistema ".

Así que son pasitos. Lo que hacías antes se vuelve cada vez más sencillo y aporta valor a lo anterior. Hay que saber salir y entrar de esta zona de confort para lograr un equilibrio, salir para expandir y volver.

Después, lo otro es la versión sistémica. Si solo voy a salir de mi zona de confort para no conectarlo con lo que hacía antes, entonces no estoy creciendo. Como quienes hacen un máster tras otro y no lo traen al día a día, y acumulan mil títulos. ¿Dónde está el punto de conexión? Es importante trabajar algo nuevo y traerlo al núcleo. ¡Nuestro cerebro es un sistema y está todo conectado! Conectar es simplificar. El diferencial de cada uno es cómo conecta las cosas, no somos disciplinas aisladas.

¿Te han discriminado por ser mujer en el ámbito profesional?
Soy muy segura de mí misma y si me discriminaron no me di cuenta (risas). Sí me manejé en ambientes masculinos y noté que cambié de actitud, porque adquiriría patrones de pensamiento masculino para intentar "ser uno más" y pasar desapercibida. No me daba cuenta de que estaba cambiando mi personalidad. Recién después de los treinta me reconcilié con mi femineidad, con mi sensibilidad, mi vulnerabilidad. Y me di cuenta de que el mayor potencial que tenía era poder combinar esos dos mundos.

Quizás no me discriminaron porque no mostré mi lado más femenino. Y ahora veo mujeres liderar como un hombre y me molesta enormemente porque yo lo hacía, veo el espejo de lo que era. La mujer tiene un potencial increíble e intuición por encima de todo. Por ejemplo, en esto de las nuevas economías tenés que entender de ciclos. Cada 28 días vos te acordás que tenés un ciclo, entonces quién mejor que vos para entender este tema. Me costó reconciliar estos dos universos y lo mejor que me pudo pasar fue tener una hija.

¿Recordás algún error que te haya dejado un aprendizaje importante?
A nada llamaría un error, lo llamaría proceso de cosas que me tenían que pasar. Como el no haber armado un equipo mucho antes. La carrera del diseño y del creativo es cortarse solo; así nos enseñan. Ese clic de decir "yo sola no voy a poder" lo hice recién a los treinta y pico, y para mí fue tarde. Me di cuenta de que tenía capacidades para formar un equipo y de que hoy podríamos ser una tribu donde la suma de todos generase soluciones mucho más creativas de las que puedo dar sola. Estoy segura de que hoy me estarían enseñando y de que la energía no dependería tanto de mí. Pero al mismo tiempo sé que con las personas que estamos trabajando ahora es para muy largo plazo, porque compartimos los mismos valores y propósito y porque soy de vínculos sanos y para siempre.

> " Recién después de los treinta me reconcilié con mi femineidad, con mi sensibilidad, mi vulnerabilidad. Y me di cuenta de que el mayor potencial que tenía era poder combinar esos dos mundos ".

¿Tuviste alguna vez una mentora y sos mentora de alguien?
No tuve mentora, pero me encantaría. Es un debe. Aún no he encontrado a mi mentor o mentora ideal, alguien que me oriente hacia donde me interesa. No a ganar mi primer millón o a ese tipo de éxito; eso vendrá si tiene que venir, pero yo voy por otro lado. En cambio, fui mentora en el programa Más Emprendedoras. Me encantó. En algunos casos me han pedido, y en otros se ha dado naturalmente.

¿Qué oportunidades para emprender y qué desafíos ves en Uruguay?
Hay muchas puertas de entrada, como eventos, organismos e incluso universidades que incentivan el emprendimiento. La mentalidad está cambiando y el sueño del pibe es ser emprendedor, y se encuentra mucho estímulo para empezar, que está buenísimo: ayudas, inspiración, herramientas, capital semilla. Pero, por otro lado, la forma de postular es compleja, entreverada,

poco práctica. Yo plantearía algo mucho más libre, menos burocrático y por objetivos, Creo que es necesario diseñar un programa más ágil, que te ayude a equivocarte más rápido. Sin embargo, aún si le agarrás la mano a todos estos procesos burocráticos, después no tenés las herramientas para escalar. Por lo general, un emprendedor que encuentra un modelo de negocio viable tiene que internacionalizarse. Los uruguayos tenemos que ser mucho más globales, entender y mirar el mundo de otra forma. Esa mirada global debe extenderse a cualquier emprendimiento, no solo a las empresas tecnológicas. En eso no sé si la academia nos está preparando tanto. La otra cosa es la prueba y error desde la primaria. De esa forma, al recibirse van a ir mucho más directos a una idea para emprender, en vez de pivotar de un fondo al otro. Hay que enseñar a emprender desde temprano. También estimular a viajar, a conocer el mundo, porque eso te abre la cabeza. Igual tampoco tengo la solución.

El tema económico es a veces un freno para lanzarse a emprender. ¿Cómo se resuelve?
¡Si sos joven, jugátela! Lo vas a agradecer toda tu vida. Tenés la libertad de hacer lo que quieras, cuando quieras, manejar tus horarios. Por ejemplo, anoche mi hija la pasó horrible y hoy me quedé durmiendo hasta las nueve y media de la mañana. No necesitaba todo el día, solo un rato más. Eso en un trabajo fijo no lo podés hacer. Ser emprendedora tiene sus cosas duras, pero también te da flexibilidad. Ahora, si ya tenés una familia y querés ser emprendedora, sumate a un proyecto donde te implique capaz un medio horario, porque sola no es fácil. Se puede emprender a cualquier edad, pero hay que saber cuánto puede una exigirse, como en el deporte. Ser emprendedora es algo *full time*, *full live*, *full mind*. Y no podés pasar todo el tiempo fuera de tu zona de confort, porque colapsás.

También podés sumarte a un proyecto, con más personas y mucha disciplina. A la mañana trabajás y la tarde la dedicás con pasión al equipo que estés conformando. Después vas encontrando la manera y la energía para hacer la transición de un modelo al otro. Y ese equipo no puede salir de la galera. Tienen que ser personas que ya conozcas o que vayas conociendo, con quienes empatices y te guste estar, porque vas a pasar la mitad de tu vida con ellas. Hay un programa de emprendimiento que dice que los grandes CEO evalúan también durante la entrevista a los emprendedores, pensando si les gustaría cenar con ellos, divertirse con ellos. ¡Si no, es muy aburrido!

¿Cómo te motivás para seguir adelante en los momentos difíciles?
Le doy espacio a mi mente: camino, salgo por la Rambla, pinto con mi hija, me rodeo de personas distintas a mi día a día, miro algo en Netflix aunque muchas veces me duermo, duermo. Creo que la clave está en mantener buenos hábitos para no llegar a agotarme. Si solo trabajo ocho horas diarias, dedico al menos tres días a la semana para caminar o hacer algo de ejercicio, me alimento de una manera sana, despejo la mente y no toco nada de trabajo de sábado a domingo; todo va bien. Si algo de esto va mal colapso. Es muy difícil mantener el equilibrio, y requiere una gran disciplina que aún no tengo al ciento por ciento.

> " Creo que la clave está en mantener buenos hábitos para no llegar a agotarme. Si solo trabajo ocho horas diarias, dedico al menos tres días a la semana para caminar o hacer algo de ejercicio, me alimento de una manera sana, despejo la mente y no toco nada de trabajo de sábado a domingo ".

¿Qué consejo le darías a alguien que decide emprender por primera vez?
Que aprenda a aterrizar sus ideas, que las ejecute y que no importa si se equivoca. Que ejecute, que ejecute, que ejecute, que ejecute..., tipo ruedita de hámster. En algún momento, se va a ver entrenada en ejecutar. Y ahí va a parar, a poner la cabeza en blanco y a pensar en la estrategia, más enfocada. Puede evaluar qué fue lo bueno y lo malo, y decidir hacia dónde quiere ir, pero con experiencia y sabiendo hacer las cosas. Al inicio es duro, pero luego de dos o tres años emprender es maravilloso. Es como estar soñando con los pies en la tierra. Supone una libertad y flexibilidad extraordinarias.

Pero mi principal consejo es que emprendan con un propósito. Es maravilloso poder dejar al menos un poquito mejor este mundo a través del emprendimiento. El futuro es cambiar la economía y la esperanza está puesta en los emprendedores. Somos hijos de una naturaleza interdependiente, y cada vez somos más los que, con errores, emociones y caídas, nos levantamos con ganas de reír, de hallar lo mejor en los demás, de dejar el mundo un poco mejor ya sea a través de un niño saludable, un pequeño jardín o un aporte para mejorar la sociedad. Si al menos la vida de otra persona valió la pena porque tú viviste, significa que no viviste en vano. ¡Vale la pena vivir y emprender por un propósito!

¿Cuál es tu misión?
Dejarle a mi hija un mundo mejor. Intentar rediseñar la economía con otros indicadores de éxito.

¿Una canción que te llene de energía?
Me gusta mucho Coldplay, por ejemplo *Viva La Vida*. Y, en general, la música *chill out*, que me ayuda a conseguir enfocarme.

Apuntes

Identificá tus talentos, para saber dónde agregás valor en cada proyecto que realices.

Pasa a la acción, aunque tus resultados no sean ideales.

Integrá lo nuevo que aprendés a lo que ya sabías.

Salí de tu zona de confort con cosas sencillas.

Alterná procesos operativos con procesos creativos.

Para ganar confianza, hablá desde un tema en el que te sientas cómoda o que domines.

Creá redes para encontrar colaboradores.

"Es maravilloso poder dejar al menos un poquito mejor este mundo a través del emprendimiento. El futuro es cambiar la economía y la esperanza está puesta en los emprendedores".

Giselle Della Mea

Victoria Alonsopérez

Fundadora y CEO de Chipsafer.
Inventora. Ingeniera. Líder global.

Entrevista realizada en Montevideo el 12 de abril de 2018.

" Imaginate una nena que quería ser astrónoma en vez de bailarina ".

DEFINÍ TUS PROPIOS LÍMITES

Se habla mucho en la actualidad de la brecha de género[1] en la formación en disciplinas académicas de ciencia, tecnología, ingeniería y matemáticas. Existen numerosos movimientos a nivel internacional que explican la necesidad de afrontar la falta de inclusión educativa en estas áreas, donde se encuentran algunos de los trabajos mejor pagados y de más rápido crecimiento en el futuro, como la informática y la ingeniería. Está claro que si buscamos estimular a las nuevas generaciones de mujeres jóvenes a interesarse por estas carreras, debemos presentarles modelos con quienes puedan identificarse, como, por ejemplo, Victoria.

Al investigar su perfil para la entrevista, encontré una cantidad interminable de artículos sobre ella en medios nacionales e internacionales. En Wikipedia se leía que había ideado su empresa, Chipsafer, a los doce años. Chipsafer es una plataforma que sirve para monitorear ganado en forma remota y, gracias a ella, fue nombrada como una de las 100 Mujeres Líderes del mundo y Mejor Inventora Joven por la Organización Mundial de la Propiedad Intelectual (OMPI). También fue reconocida por el Banco Interamericano de Desarrollo (BID), la BBC, las Naciones Unidas y el Instituto de Tecnología de Massachusetts (MIT).

Victoria tiene muchas facetas. Es divertida, vital, y una mujer de negocios excepcional que conecta mundos diversos: los emprendedores, el espacio, la aeronáutica, las organizaciones internacionales... Aunque viaja constantemente, por suerte coincidimos en Uruguay y pude entrevistarla en persona. Llegó muy puntual y vestida de rojo. Recordaba verla siempre vestida con ese color en las fotos de las entrevistas que había leído y me explicó que no era una coincidencia. Es un color que usa mucho porque le encanta y que al final terminó convirtiéndose en su sello personal. La conversación fue fascinante. Me sorprendió su rapi-

---

(1) Brecha de género es la diferencia entre las tasas masculina y femenina en la categoría de una variable. Cuanto mayor es la brecha, mayor son las diferencias entre varones y mujeres. Cuanto menor es la brecha, más cerca estamos de la igualdad.

dez de pensamiento, conectando ideas y narrando historias. En ningún momento se fue por las ramas; respondió de manera clara, natural y directa. Es la única entrevista que logré terminar en el tiempo previsto y el mérito fue suyo. Durante la charla entendería lo que representa el tiempo para ella.

Es una mujer brillante, que cumple sus sueños superando cada obstáculo que se le presenta con convicción, porque cree en lo que hace y porque hace lo que ama. Una superheroína de los tiempos modernos.

Victoria, ¿cómo te definís?
Como ingeniera, emprendedora, apasionada por el espacio y con mucha resiliencia: nunca me doy por vencida.

¿Es cierto que a los doce años tuviste la idea que se convertiría en tu empresa?
No fue tan así (se ríe). En 2002, cuando tenía doce años, surgió la fiebre aftosa en Uruguay. Empecé a pensar entonces si se podría monitorear remotamente a los animales. Pero así como pensás en mil cosas, no tenía una idea concreta. Después, en 2012, cuando estaba trabajando con pequeños satélites, me di cuenta de que sí podía usar esa tecnología para monitorear animales en forma remota. Ahí fue que bajé la idea a tierra. Fue para una competencia de la Unión Internacional de Telecomunicaciones, dirigida a jóvenes innovadores que pudieran resolver un problema de la región utilizando las telecomunicaciones. Tenía la tecnología de los satélites y tenía la idea. Así que la puse sobre el papel, gané la competencia y, ahí sí, empecé con Chipsafer. Tenía 24 años.

Siempre has desarrollado dos ámbitos en paralelo: tu empresa y tu carrera en el área espacial.
Sí. Para Chipsafer ya hicimos pilotos en siete países y cuatro continentes y probamos que la tecnología funciona en cualquier lado. Ahora queremos escalar y para eso necesitamos inversión. Estamos en plena búsqueda en este momento. La sede central estará en Singapur. En relación con mi posición en la empresa, me bajé como CEO. A mí me gustaba más

la parte de tecnología y lo de ser CEO ahora se lo dejo a una persona con más experiencia. Mi rol es el de Chief Innovation Officer (CIO) y soy responsable de la tecnología. El *management* no es mi fuerte. Por otro lado, sigo con mi carrera en el tema espacial y con la Federación Internacional de Astronáutica (IAF).

El espacio es tu gran pasión. ¿En qué momento te nace ese interés?
Cuando tenía cuatro años, mi papá, que es contador, siempre estaba escribiendo números en unas hojas gigantes, porque entonces no había Excel. En un momento le pregunté "¿por qué escribís estos números?". Me llevó a la ventana, era una noche de luna llena, me mostró la Luna y me dijo que los seres humanos habían llegado ahí gracias a la combinación de los números. Quedé tan impresionada que quise seguir algo que tuviera que ver con el espacio.

¿Cómo desarrollaste tu carrera en el área espacial desde Uruguay?
A los catorce años, presenté un proyecto en una feria de ciencia en Montevideo sobre cómo podía ser posible la vida en Marte. Después me llegó un llamado de la IAF porque daban una beca a un estudiante a nivel mundial para ir a presentar un trabajo en un congreso. Yo tenía este trabajo de Marte, lo presenté y me dieron la beca. Con esa beca me fui a Corea del Sur, donde era el congreso ese año. Durante mi estancia en Corea conocí el Space Generation Advisory Council (SGAC) y la Universidad Internacional del Espacio, que después serían fundamentales en mi vida profesional.

El SGAC es una ONG que apoya al programa espacial de las Naciones Unidas para estudiantes y profesionales de entre 18 y 35 años. Empecé siendo miembro de la organización, después fui punto de contacto nacional, coordinadora regional y presidenta de la organización a nivel mundial. Cuando se terminó esa etapa empecé a ser parte del directorio, donde sigo. También formé parte del directorio de Space Foundation en 2016 y 2017 y actualmente soy asesora del presidente de la IAF. Así fui conociendo mucha gente y haciendo una carrera paralela.

¿Con quién te fuiste a Corea del Sur y cómo fue esa experiencia, siendo tan joven?
Me fui sola y no conocía a nadie. Después de dos días de viaje, llegué a Corea y me enteré de que mi valija se había perdido y de que mi teléfono no funcionaba porque allá usaban CDMA[2]. En el aeropuerto estaba muy nerviosa, pero por suerte un chico me ayudó a hacer el reclamo por mi valija y un señor me prestó su teléfono para que pudiera llamar a mi madre a Uruguay. Alquilé un teléfono y me tomé un bus del congreso que me llevaba a una ciudad llamada Daejeon. En ese bus conocí a muchos chicos y chicas que también iban al congreso y enseguida me sentí cómoda. De hecho, una chica que conocí en ese bus es una de mis mejores amigas hoy en día.

La experiencia del congreso fue increíble. Por primera vez, estaba rodeada de gente a quien le encantaba el espacio y podía hablar libremente con personas de mi edad acerca de la exploración espacial sin que se burlaran de mí. Fue como cuando Harry Potter entra en Hogwarts por primera vez. Además de presentar mi proyecto en el congreso, también pude dar un discurso ante la Asamblea General de la IAF. No lo podía creer, fue una experiencia que me llenó de orgullo.

¿Cómo te organizás para abarcar tanto?
Estoy a mil, pero es lo que me gusta. No existen sábados ni domingos. Desde nunca. En realidad desde que empecé la facultad, porque siempre me metía en mil cosas de manera voluntaria. Tengo la fortuna, ya que la mayoría de las personas odian su trabajo, de hacer lo que me gusta, así que no me quejo. Por más de que hay días malos, intento sacar lo máximo, ya que vivo de mi pasión.

---

(2) A diferencia de GSM, el sistema CDMA otorga a los usuarios acceso total a todo el espectro de bandas, lo que permite que más usuarios se conecten en un momento dado. Los teléfonos en redes CDMA no usan tarjetas SIM. En cambio, cada teléfono está diseñado específicamente para funcionar en la red de ese proveedor.

¿Dónde vivís ahora?
No tengo casa (se ríe). Antes vivía en Río de Janeiro, que es donde tenemos la oficina, pero estaba gastando en un apartamento en el que vivía cinco días al mes máximo. No tenía sentido, así que lo dejé. Ahora, cuando voy a Brasil me quedo con mis socios, y cuando vengo a Uruguay me quedo con mis padres. El resto del tiempo lo paso viajando. Por ejemplo, el año pasado estuve un mes en Namibia y otro en Kenia, estuve en Asia, dos meses en Europa, en Estados Unidos... Voy a donde me lleve el proyecto.

¿Te gusta ese estilo de vida?
Sí, aunque es un poco estresante porque viajo sola. Así que, cuando estoy con el cliente y no le gusta algo, soy yo directamente. Y no es como cuando trabajás para una empresa, que dormís en hoteles buenos. Yo duermo donde puedo, porque no puedo permitirme gastar en hoteles de cinco estrellas. En Namibia, dormí en una carpa... Y también está el *jet lag*, que ahora me afecta bastante.

¿Tenés alguna rutina personal?
Cero rutina. Aunque ahora, cuando estaba en Punta del Este, me pasé haciendo *stand up paddle*, que me hace mucho bien. Cuando estoy de viaje, mis días empiezan a las siete de la mañana y terminan a las doce de la noche. Hay que optimizar el tiempo al máximo y tener mil reuniones, entonces es muy difícil que pueda tener tiempo para ir al gimnasio. Por eso aprovecho para hacer deporte en verano. Como te decía, en Uruguay me compré una tabla y hago *stand up paddle* todos los días, por lo menos una hora. Me encanta.

El ser uruguaya, ¿en qué te ayudó y en qué no?
En muchas cosas. Por ejemplo, si quiero ser astronauta no puedo porque soy uruguaya. Para ser astronauta, tenés que ser de uno de los países que contribuyen con la exploración espacial, de Estados Unidos o de Europa. Pero aunque fuera estadounidense no creo que tuviera la capacidad física. Vos ves los chicos que son astronautas y son superdeportistas; yo, no. Son selecciones donde se presentan 10.000 personas y quedan seis.

Además, cuando tenía 18 años y quería ir a estudiar a Estados Unidos era muy complicado conseguir becas porque no hice el liceo internacional.

> " Yo duermo donde puedo, porque no puedo permitirme gastar en hoteles de cinco estrellas ".

Lo que sí me ayudó fue la educación que tuve en Uruguay, que fue muy buena. Fui al Colegio Richard Anderson y al Colegio Alemán. También me ayudó ir a la Universidad de la República, por más que tengo mis diferencias con ella. Pero te ayudan a resolver problemas, nada está masticado, te dan un problema que nunca viste y, bueno, resolvelo como puedas, sin presupuesto, sin nada, y eso está bueno. Así que el no tener una industria aeroespacial no es lo mejor si querés dedicarte a eso, pero se pueden hacer cosas fuera, siendo voluntaria como hice yo. Me pongo a pensar si hubiera nacido en Siria. Uruguay es un país pacífico y eso es muy importante. He ido a conferencias donde me he encontrado con gente de Afganistán y Siria. Estábamos en un taxi una vez que nos quedamos parados en un atasco, y ellos miraban para todos lados porque cada vez que se quedan atascados en su país piensan que van a tirar una bomba. Eso te hace valorar el haber nacido en un lugar sin conflictos.

Pero lo que me mató pila de veces fue Aduanas. Qué difícil es desarrollar *hardware* en Uruguay. Cuando estaba en Estados Unidos y quería hacer cualquier cosa iba a Amazon, pedía un componente y lo tenía al día siguiente a las nueve de la mañana, y sin problemas. Acá, cada vez que tenía que pedir un componente era esperar que llegue y después pasar por Aduanas. Eso implicaba ir al aeropuerto a justificar y pagar impuestos, y la mayoría de las veces quedaba retenido porque no entendían lo que era. Aunque fuera un dispositivo que valía diez centavos. Eso para la innovación es desastroso. ¿De quién depende? De ellos mismos. Una vez fui con un decreto firmado por el expresidente José Mujica y tampoco sirvió. Puedo entender la razón por la cual lo hacen, pero nosotros éramos una *startup* chiquita y necesitábamos innovar. Esos componentes no los comprábamos en plaza porque no había; no es que comprábamos zapatos importados porque salía más barato. Hablamos con el Ministerio e hicieron cosas para mejorar, porque realmente si querés innovar necesitas rapidez. Muchas veces no sabés siquiera si el componente te va a servir o no. Lo probás dos segundos y no te sirve, y ya necesitas probar otro. Esa es una gran diferencia con Estados Unidos. Si querés generar innovación, tenés que decretar ciertas regulaciones para facilitar esto.

¿Se podría decir que abriste puertas y te creaste oportunidades en tu carrera profesional haciendo voluntariado?
Sí. Todo lo que he hecho como voluntaria de una ONG o en ramas estudiantiles te saca tiempo que mucha gente no tiene o que no siempre ve el beneficio. Por ejemplo, como voluntaria del Instituto de Ingenieros Eléctricos y Electrónicos (IEEE) fui presidenta de la rama estudiantil. Cuando había que reclutar gente, la mayoría era como que "no, yo quiero mis sábados y domingos". Era muy difícil demostrar que es algo que vas a ver a largo plazo. Ser voluntaria me ha llevado a conocer gente que no hubiera conocido de otra manera, por ejemplo el administrador de la NASA, que me regaló dos libros firmados por él, diciendo "gracias, Victoria, por la organización del congreso", o al director general de la Agencia Espacial Europea, personas que si me las cruzo saben mi nombre. Algo muy gracioso fue cuando le comenté a una amiga que había conocido a su jefe. Y me dice: "Ah, fulanito". Le respondo que no. "¿Entonces, tal?" No, tampoco. "Pero, ¿con quién estuviste?" Cuando le digo el nombre, me señala que no es su jefe sino el CEO de toda la empresa. He conocido a los CEO de empresas internacionales donde tengo amigos trabajando y que ni ellos conocen.

Lo hacía porque me gustaba, era algo natural, nunca por interés o estrategia. Por ejemplo con el IEEE; yo estaba estudiando ingeniería eléctrica, así que era algo normal que fuera parte, quería saber más de lo que estaban haciendo. En el caso del SGAC fue por tener una red, ya que en Uruguay no podía hablar con nadie de temas del espacio.

" Ser voluntaria me ha llevado a conocer gente que no hubiera conocido de otra manera ".

¿Tu familia te apoyó en tu carrera?
Si, siempre. Incluso cuando era chica, cuando en el colegio me tomaban mucho el pelo por el tema aeroespacial. Imaginate una nena que decía que quería ser astrónoma en vez de bailarina o jugadora de fútbol (risas). Mis padres siempre me dieron para adelante, mi papá siempre me dijo: "La única forma de que vos seas exitosa en lo que hacés es si hacés lo que te encanta". Por eso seguí.

¿Cuáles son tus proyectos profesionales en este momento?
Por un lado, hacer crecer Chipsafer. Ahora somos doce en la empresa, pero no todos *full time*. Chipsafer viene como toda startup: bien, pero complicada. El desafío principal es conseguir inversores y más clientes. Nosotros tenemos un componente de hardware y un componente de software, y el primero tiene muchos más costos. Y está todo esto del Lean Startup, que con una empresa de hardware es muy difícil hacer porque vos salís, probás y no funciona, y ¿qué hacés? No podés volver y ajustar tan rápido; si tenés una producción hecha es complicado. La estrategia de inversión es que sea *smart money*, es decir, alguien que brinde capital y formas de escalar. Si el fondo que invierte en nosotros no se enfoca en agro o en tecnología y es un fondo de *real estate*, no pegamos mucho. Bueno, el fondo nos lo dice también. Tiene que haber interés de los dos lados.

Y con todo lo espacial, voy viendo las oportunidades que se van creando.

¿Hay algún error que te dejó un aprendizaje y que quieras compartir?
Mil errores. Creo que fue un error atrás de otro, pero todos dejaron una enseñanza. No es que yo ahora diga que lo haría diferente, sino que todo tiene una explicación. Por ejemplo, tuvimos una mala experiencia con China en la que perdimos nueve meses. Contratamos una fábrica horrible que nos mintió, nos mandó unas muestras que eran una porquería. Mucha gente nos aconsejó no tener nunca un solo proveedor, que había que tener

muchos, pero como *startup* tener muchos proveedores es casi imposible. No podíamos contratar a cinco fábricas. Elegimos la que en su momento pensamos era la mejor, pero no lo era y nos quedamos sin el dispositivo. Pero mirando hacia atrás, después cambié la tecnología. Así que no vino mal lo de China porque, si no, me hubiera quedado con 10.000 dispositivos que no le hubiera vendido a nadie porque era tecnología vieja.

Y después mil cosas. Me separé de mi socio cuando arranqué, teníamos visiones diferentes y decidimos que cada uno siga su camino. Fue difícil. O cuando teníamos que ir a África; todos nos esperaban con las antenas de satélites ya instaladas y el proveedor desapareció con nuestra plata. O te pasa que se va un empleado y se para todo. En una *startup* estás todo el tiempo resolviendo lo que sale mal (se ríe).

> " Creo que fue un error atrás de otro, pero todos dejaron una enseñanza ".

¿Cómo mantienen entonces la motivación vos y tu equipo frente a las dificultades?
Porque creemos en el producto. Pensamos que es un producto que funciona y le damos para adelante. Desde finales de 2015 tengo dos socios nuevos. Son de Brasil, de cuando cambié la tecnología. La cambié justamente porque la que tenía acá no funcionaba en Brasil y quería hacer algo más global.

¿Cómo ves el ámbito emprendedor uruguayo?
Es muy bueno ahora. Tenemos la Agencia Nacional de Investigación e Innovación (ANII), que brinda becas a investigadores e innovadores. A nosotros nos dieron fondos para empezar con la empresa. Me parece que es algo buenísimo para un emprendedor que por ahí no conoce a nadie, como cuando yo arranqué, porque ellos te dan las herramientas para no caer con un inversor que capaz te mata. El tema es que un inversor no es solamente alguien que te puede poner el dinero, sino alguien en quien además vos confíes. Y hay muchísimos inversores muy buenos en Uruguay, pero lamentablemente cuando estás arrancando a veces no

llegás a ellos o se te presenta otro que te propone desarrollar el proyecto contigo. La ANII te dice que no tomes nada primero; tomá lo de la ANII y ahí podés conocer el ecosistema y aprender.

Nos reímos porque vamos rapidísimo con la entrevista. Victoria reconoce que ella está siempre a mil. Es muy cuidadosa con el tiempo de las personas y las peores peleas que ha tenido cree que han sido por el tiempo.

Por lo general soy superpuntual y cuando me hacen entrevistas, me dicen que hablo y respondo rápido. Yo estoy pensando que mi respuesta tiene que ser concisa para no hacerte perder tu tiempo. En conferencias he tenido problemas cuando me ponen de *timekeeper*. A veces digo "te queda un minuto". Y al minuto digo "bueno, muchas gracias, chau". Y se me han enojado. Yo lo veo como que cada minuto que se excede la persona es un minuto que le saco a la siguiente y me parece una falta de respeto. Soy superdirecta, sobre todo con el tiempo. ¡A veces a la gente no le cae muy bien!

¿Qué le aconsejarías a alguien que quiera emprender hoy en Uruguay?
A todos los emprendedores les doy un consejo que me dio una mentora que tuve. Cuando yo gané la primera competencia, me llevaron a hacer un curso en Dubái y una mentora nos dijo: "Ustedes tienen que saber que con esto que están arrancando ahora van a estar cinco años, así que más vale que les guste y que estén apasionados porque van a ser cinco años de problemas". Me acuerdo que la miré y pensé "¡cinco años! Ni ahí, yo creo que el año que viene ya va a estar funcionando todo y lo vendo en dos años". En realidad, ya pasaron más de cinco y sigo con problemas. Así que creo que ese es uno de los consejos más importantes: hacé algo que creas que va a funcionar y que te guste, que te motive, y no lo hagas por la plata porque si es por eso mejor andá a conseguir un trabajo porque los casos de éxito que hay son muy pocos. Van a haber muchos días malos, y lo único que te va a hacer seguir es si vos creés en el producto y en la idea. Hasta conozco emprendedores exitosos que han vendido sus empresas y se quedaron con casi nada. Hay un mito con ese tema.

" Ustedes tienen que saber que con esto que están arrancando ahora van a estar cinco años, así que más vale que les guste y que estén apasionados porque van a ser cinco años de problemas ".

¿Qué personas te inspiran?
¡Varias! Definitivamente, una es Charles Dickens. Me encanta. He leído su biografía varias veces y me parece un modelo a seguir. Después hay gente a la que admiro muchísimo. Por ejemplo, ahora estoy en el directorio de la IAF, donde también está Sergei Krikalev, que es el segundo hombre que más tiempo ha estado en el espacio. Obviamente, siento una admiración total por él y por otros astronautas. Como modelo de mujer científica está Marie Curie. Por todo lo que logró, y en esa época; es impresionante. Después tengo mentoras como la vicepresidenta de Sesame Street. Me inspira ver todo lo que está haciendo en el mundo. Hay mucha gente que admiro y que me ha ayudado.

¿Quiénes son tus mentoras en este momento?
Tengo dos. Me presenté a un programa de la revista *Fortune* y del Departamento de Estado de Estados Unidos y quedé seleccionada. Era un programa donde se elegían quince personas de todo el mundo. Participé y fue uno de los mejores programas que he hecho: estar un mes en Nueva York con las mentoras. Una es la CEO de Sesame Street, y la otra de un gran fondo de inversión que hay en Nueva York[3]. Dos personas divinas de las que soy amiga y con quienes sigo en contacto. Este era un programa especial, porque fuimos a la cena de Fortune 500, con las 500 mujeres más poderosas del mundo, y me pusieron en una mesa con Marissa Mayer, presidenta y CEO de Yahoo, y el editor de *Fortune*, así que fue increíble. Pero lo que hacía el programa especial era que mis mentoras me preguntaran qué quería hacer con ellas. Por ejemplo: que me hicieran una agenda y me presentaran gente o si me gustaría más el

---

(3) Las dos mentoras de Victoria son Molly Ashby, CEO de Solera Capital, y Sherrie Westin, CEO de Sesame Street.

shadowing, que es que ellas tienen sus reuniones y vos estás atrás, sos como su sombra. Yo elegí eso. Cada vez que tenían una reunión, yo iba atrás. Había encuentros en los que no podía ni hablar porque no correspondía que estuviese ahí. Aprendí muchísimo sobre cómo manejaban la empresa, que es lo más importante. Ese proceso duró un mes.

En Uruguay, como mentor tengo a Rodolfo Oppenheimer, que siempre me ha dado consejos, desde que arranqué con Chipsafer. Y después están los emprendedores. He tenido momentos malos y he llamado a otros emprendedores y ellos me han llamado también. Tenemos nuestro círculo, Todos pasamos por lo mismo, sabemos lo difícil que es y siempre estás dispuesto a hablar y dar quince minutos para dar consejos y ayudar a otros.

Tu generación es distinta a la mía; hay más mujeres que trabajan e iniciativas que impulsan a las mujeres a emprender y a desarrollarse profesionalmente. ¿Creés que las mujeres tienen más confianza hoy?
La confianza que tienen los hombres es muy diferente a la de las mujeres. Por ejemplo, cuando mi socio y yo estábamos negociando el tema de qué salarios nos poníamos a nosotros mismos, yo dije: "Bueno esto, pero capaz un poco menos porque sé que la empresa está pasando por un momento complicado". Y mi socio dijo: "Yo preciso esto, y punto". No había negociación, se plantó ahí. Me pareció admirable. Pensé: "Esto es lo que hay que hacer".

Esto lo veo mucho: las mujeres ven un trabajo, y si no tienen todos los requerimientos no van a aplicar. El hombre es todo lo contrario: ve 80 y tiene 20 y dice "bueno, voy a aplicar y a ver". He hablado con otras personas que hacen *recruiting* y me dicen lo mismo: las mujeres no se presentan y por eso no tienen más mujeres en el equipo. Es más, en una reunión del programa Voces Vitales donde participé, una mujer comentaba que le había sorprendido mucho y de muy buena manera que había hecho entrevistas de trabajo y que una mujer joven con poca experiencia le dijo con mucha seguridad: "Yo puedo hacer este trabajo y cobro tanto". Pasa igual con las entrevistas en los medios de comunicación. En general, las mujeres solo se sienten cómodas para hablar de temas que dominan.

> " Aprendí muchísimo sobre cómo manejaban la empresa, que es lo más importante. Ese proceso duró un mes ".

¿Qué es lo que más te ayuda a desarrollar tu confianza personal y profesional?
Delegar. Hay cosas que yo delego en mi socio porque sé que es mejor. A mí todo lo que es tecnología dámelo, lo quiero. Ahora, cuando es negociación capaz que no soy yo la mejor. Ahora tenemos un nuevo CEO, que es bien tajante: estos son los precios, y punto. Creo que hay que saber en lo que sos buena, capitalizar en eso y mejorar en lo que no tanto, pero a la vez juntarte con gente que pueda hacerlo. Nadie puede hacer todo solo, y haciendo *micromanagement* no llegás a ningún lado.

¿Qué pensás de la influencia de la figura de los referentes en la carrera profesional?
Me parece superimportante mostrar y tener referentes. En Uruguay justo hace poco el Banco Interamericano de Desarrollo (BID) hizo una reunión para emprendedoras de tecnología. Creo que éramos unas ocho o nueve. Y lo que decíamos todas era "¡qué bien nos sentimos acá y que seamos todas emprendedoras de tecnología!". Porque muchas veces, cuando vamos a los eventos tipo Endeavor, hay muchas emprendedoras pero de otros temas, y las de tecnología son mucho más de hombres. Así que en esta reunión no nos sentíamos como bichos raros.

¿Qué hacés para relajarte?
Cuando sos emprendedor tenés siempre algo en la cabeza. Hasta cuando estoy haciendo tabla en la playa estoy pensando (risas). No hay chance de que pueda desenchufar la cabeza, de pensar relax total. Lo que sí he mejorado un poco es el sentimiento de culpa. Hubo una época en que siempre sentía culpa: cuando estaba haciendo las cosas espaciales

sentía que no le dedicaba tiempo a Chipsafer, y viceversa. Siempre estaba diciendo *"I'm sorry"* a todo el mundo. En algún momento tenés que decir basta, doy lo máximo en esto y lo máximo en lo otro y no puedo más.

Hay veces que me han criticado, no gente de mi equipo sino de afuera, que siempre estoy viajando u otras cosas. Yo soy soltera y no tengo hijos, y lo que hago con mi tiempo libre es muy visible. Eso me hizo pensar en las emprendedoras y emprendedores que tienen hijos y están formando a una persona. En ese caso necesitás dedicar tiempo a eso, cada decisión es importante. Por eso admiro muchísimo a mis amigas emprendedoras y mamás. Como mi mamá, que trabajaba *full time*, y nos tuvo a nosotros.

¿Qué libros leés?
Los que me fascinan son los de Charles Dickens, y me parece que hablan mucho de la superación. *David Copperfield* es mi favorito, y es de un niño que por más que tenía todo en su contra llegó a ser abogado y después escritor y, sobre todo, llegó a ser lo que más quería, que era ser un *gentleman*.

No soy de leer nada de emprendimiento. Capaz hago mil errores porque no leo nada del tema (se ríe). Solo leo literatura inglesa, novelas de Jane Austen, Charlotte Brontë o Sir Arthur Conan Doyle, con su personaje de Sherlock Holmes.

¿Un sueño que tengas hoy?
El que siempre tuve, que es fundar mi propia empresa de tecnología espacial. Eso me encantaría, pero me falta. Primero, porque las empresas de tecnología espacial necesitan muchísimo capital y, en segundo lugar, porque quiero tener un poco más de experiencia. Eso sí, queda definitivamente para el futuro.

¿Un sueño para Uruguay, si tuvieras una varita mágica?
Tener un puerto espacial acá; me encantaría poder desarrollar una empresa aeroespacial en Uruguay.

¿Qué mensaje te gustaría transmitir a las uruguayas que quieren avanzar en sus carreras o emprendimientos?
Que no se den por vencidas. Hoy en día todas pueden ser una experta en su área gracias a toda la información *online*, los cursos a distancia y los *webinars* y pueden conectarse con expertos de todas partes del mundo. Es muy raro que si envían una consulta a un experto por redes sociales, no conteste.

¿Una frase preferida?
"*The sky is not the limit*" ("El cielo no es el límite"). Y una de Dickens que sale en *David Copperfield* sobre la procrastinación y el tiempo: "*Procrastination is the thief of time, collar him*". Es decir, no dejes para mañana lo que puedas hacer hoy. Eso siempre. Por esta obsesión que tengo con el tiempo.

¿Tenés alguna canción preferida, que te llene de energía?
Mi canción favorita es *It's My Life*, de Bon Jovi.

Apuntes

El voluntariado abre puertas y los resultados se ven a largo plazo.

Emprendé para desarrollar algo que te guste, no solamente por lo económico.

Buscá personas que compartan tu pasión para sentirte motivada.

Proponé a alguien que admires que sea tu mentora.

Capitalizá tus talentos y si podés delegá el resto.

Postulá a un trabajo aunque no tengas todas las competencias requeridas.

Para aprender, contactá a expertos sobre temas que te interesan aunque no los conozcas.

" Hay que saber en lo que sos buena, capitalizar en eso y mejorar en lo que no tanto, pero a la vez juntarte con gente que pueda hacerlo. Nadie puede hacer todo solo, y haciendo micromanagement no llegás a ningún lado ".

Victoria Alonsopérez

Fernanda Guliak

Directora ejecutiva de la fundación ReachingU.
Economista.

Entrevista realizada en Maldonado el 28 de marzo de 2018.

" Que no te importe empezar de nuevo y que sientas la confianza de que te va a ir bien ".

LA EDUCACIÓN NOS HACE LIBRES

Buscando oportunidades de colaborar con una ONG conocí ReachingU, que se traduce en español como "Llegar a ti". Es una fundación uruguayo-estadounidense que recauda fondos (cerca de un millón de dólares al año) para canalizarlos a diferentes ONG uruguayas que dan oportunidades de educación a niños, niñas y jóvenes en situación de vulnerabilidad social. Colaborar en dos ocasiones con ellos como voluntaria fue una experiencia increíble. Por un lado, me sorprendió la eficiencia y la transparencia con la que se gestionaban, a diferencia de otras entidades que había conocido, con un equipo de tra bajo muy preparado y comprometido. Al mismo tiempo, el hecho de que no se limitaban a transferir los fondos, sino que además educaban a las organizaciones beneficiarias en la gestión y administración de esa ayuda, haciéndolas independientes en el largo plazo. Desde ese momento, siento un enorme respeto, admiración y cariño hacia la organización y hacia Fernanda Guliak, su directora ejecutiva. Porque la misión y la visión de ReachingU se han ido adaptando a las necesidades de la sociedad uruguaya: la educación es un derecho y la educación da libertad.

Fernanda es una líder natural. Es versátil, carismática, empática, comprometida con la excelencia en todo lo que hace. Generosa y en constante evolución, tuvo una vida internacional donde logró encontrar un equilibro entre lo personal y lo profesional, tomando y generando oportunidades. Seguramente por eso, sus palabras transmiten sabiduría y esa serenidad propia de las personas plenas. Hicimos la entrevista un día de verano, en una casa de campo en Uruguay donde Fernanda estaba de vacaciones con su familia. Un espacio que tenía mucho que ver con ella: calmo, elegante y cálido.

Fernanda, ¿cómo te definís?
Me gusta definirme como una mujer que está en un buen lugar para tener 46 años. Siento que si tuviera que volver a vivir, no cambiaría demasiadas cosas. Los años que viví, los viví bien. Aprendí. Me siento contenta, realizada. Formé una familia maravillosa. Quería estudiar

economía y lo hice, le dediqué un tiempo a *full* a mi carrera; después prioricé otros temas. Me veo como una persona equilibrada, que logró nutrir los distintos aspectos que me hacen lo que soy hoy: la parte emocional, la sentimental, la física, la afectiva, la profesional. También soy muy dinámica, global. Viví en muchos lugares, aprecio las diferencias culturales y las encuentro muy enriquecedoras, así que tengo una mente abierta. Me encanta estar aprendiendo constantemente, conocer gente, pero también me gusta tener momentos para mí. Tengo una parte espiritual que trato de alimentar y de prestarle atención. Por otra parte, soy muy detallista y bastante ejecutiva. A veces capaz que me apasiono o soy demasiado sentimental; las cosas me afectan quizás un poquito más que a una persona normal, si es que esa persona existe.

Por último, siento un gran compromiso con el mundo que le vamos a dejar a nuestros hijos. Pienso mucho en el medio ambiente, en la sustentabilidad, en el consumo responsable. En usar este tiempo y todas las oportunidades que la vida me dio para devolver o para ayudar, pero no de forma asistencial sino constructiva y empoderada, a quienes lo necesitan más que yo.

" (...) ayudar, pero no de forma asistencial sino constructiva y empoderada ".

¿De dónde te vienen esas ganas de ayudar y ese compromiso social?

No sé. En mi familia tuve esos modelos que te quedan grabados en la cabeza. Mis abuelos eran personas muy generosas. Siempre iban un poquito más allá de lo básico con personas que lo necesitaban o cuando se involucraban con alguna causa. Me crié con los valores de ayudar, y con los espirituales o religiosos.

También fue decisivo salir de Uruguay. Me casé y me fui joven, con veinte años. Viví muchas experiencias que capaz en Uruguay no hubiese vivido, o lo hubiera hecho de otra manera. Eso me transformó en una persona más empática, porque entendí la importancia de dar y que se te devuelva a ti algo parecido. Por ejemplo, al retomar mis estudios en Nueva York, la Universidad de Columbia me becó gracias a un fondo mixto donde las familias dejan un *trust*, un fondo de fideicomiso Y si bien me había ido bien en la prueba, me parecía increíble la generosidad de alguien que dice: "Bueno a mi me fue bien, tengo este dinero y quiero ayudar a las futuras generaciones". Ahí empecé a ver expresiones de filantropía. Luego, al vivir en Brasil, vi que la sociedad civil también seguía esta pauta de dar y me di cuenta de que era algo muy importante.

> " Me casé y me fui joven, con veinte años. Viví muchas experiencias que capaz en Uruguay no hubiese vivido, o lo hubiera hecho de otra manera. Eso me transformó en una persona más empática, porque entendí la importancia de dar y que se te devuelva a ti algo parecido ".

¿Cómo ves a la sociedad uruguaya en relación a la filantropía social?
Creo que ha evolucionado de manera muy positiva, y no solo en Uruguay sino en el mundo. La sociedad se ha organizado. Antes tenías Unicef, la Cruz Roja o la Iglesia. Cuando volví a Uruguay hace diez años noté una explosión de organizaciones de la sociedad civil, especialmente en el área de educación en la que está ReachingU, pero también en salud, con las fundaciones Peluffo Giguens o Álvarez Caldeyro Barcia. Son instituciones que están trabajando de forma muy seria, donde todo el mundo está mirando a ver qué es lo que están haciendo. Me parece que el uruguayo que era descreído para ese tipo de cosas ahora está confiando y viendo el resultado.

Empezaste en ReachingU como voluntaria y llegaste a ser directora ejecutiva. ¿Cómo fue ese proceso?
Me gradué de economista en Estados Unidos, en la Universidad de Columbia, y allá trabajé varios años en la banca, en JP Morgan, en Wall Street. Pero sentía que ese trabajo, si bien era muy interesante, no me llenaba; quería algo más y empecé a interesarme por el tema

de la responsabilidad social corporativa. Me vinculé a ReachingU cuando se creó la organización en Nueva York, en 2001. La fundaron uruguayos que estaban en Estados Unidos trabajando o estudiando y que en las puertas de la crisis que se venía dijeron "hagamos algo para devolver a Uruguay, usando el modelo de fundación americana". En ese tiempo, me surge una oportunidad para trabajar en Philip Morris en el área de responsabilidad social corporativa. Imaginate, Philip Morris, que enseñaba a la gente que no había que fumar. Y me dije "¡Yo no puedo trabajar para una empresa que hace cigarrillos, es como que va en contra de todo!" Les respondí que "no, gracias" (se ríe). Y enseguida le sale una oferta a Juan, mi marido, para trabajar en Brasil.

Nos mudamos y en los años que siguieron nacieron nuestros hijos. Dejé de trabajar durante unos años y estudié un diplomado sobre responsabilidad social empresarial en la Fundación Getulio Vargas, en San Pablo. Cuando volvimos a Nueva York, en 2006, me vinculé de nuevo con ReachingU, donde empecé a trabajar en el área de recaudación de fondos, haciendo una gestión que era muy cercana al directorio y a las iniciativas estratégicas de la organización. Entonces fue aprender haciendo, y también aprender de lo que estaban haciendo otros, ya que Nueva York es la cuna de las fundaciones y de la filantropía. Eso fue lo que nos inspiró a hacer nuestra primera gala anual allí, "una gala de recaudación como la que hacen los americanos", con invitado especial, remate, cena, video institucional, invitación, todo. Fue un éxito y un hito en la historia de la fundación, porque nuestra recaudación creció muchísimo y pasamos a una nueva etapa.

Volví con mi familia a Uruguay en 2011, y dos años después me propusieron ser directora ejecutiva. Ha sido un aprendizaje constante, con un equipo fabuloso de gente que sigue evolucionando y creciendo. A mí me gusta aprender, conocer gente que está haciendo algo que a mí me interesa, conocer los casos de éxito. No soy de reinventar la rueda, si hay experiencias que son exitosas, vamos a mirarlas. Siempre con esa visión es que ReachingU sigue creciendo constantemente.

" No soy de reinventar la rueda, si hay experiencias que son exitosas, vamos a mirarlas ".

¿Cuáles son tu rol y tu objetivo como directora ejecutiva?
Asegurarnos de recaudar una cantidad de dinero que sea igual o mayor que la del año anterior, y que nos permita mantener el nivel de inversión constante y crecer. Por otro lado, gestionar esa inversión.

También asegurarnos de que las organizaciones con las que trabajamos sean serias, que estén logrando los objetivos planteados, que trabajen de una manera confiable y eficiente. Por eso es importante manejar nuestro equipo de gestión, que está formado por una persona en el área de proyectos, otra encargada de comunicaciones y un gerente de finanzas y administración. Manejar todos los voluntarios que tenemos, que son el alma de ReachingU. Son entre ochenta y cien, desperdigados por todo el mundo. Además, trabajo con nuestro directorio para determinar los lineamientos estratégicos. Soy la que gestiona las relaciones institucionales con donantes, organizaciones, entidades del gobierno o multilaterales. Es como ser la CEO de una pequeña empresa.

Llegaste a este puesto como una evolución natural en tu carrera. Es decir, no fue parte de un plan.
Una tiene esa obsesión por planificar y por querer controlar lo incontrolable, y a veces mirás hacia atrás y decís "¡ah!, esto fue lo que hice y que me trajo hasta acá". Es más una actitud frente a la vida, de aprovechar las oportunidades que se te plantean, de hacer todo lo que puedas mientras puedas. Formarte si es el momento, si tenés un trabajo hacerlo bien y desarrollarte de la manera que ese trabajo te permita, tomar tiempo para crear vínculos, que es muy importante. Y también plantearte las cosas a medida que son factibles. Porque si una se pone objetivos imposibles es una ilusa. Creo que es importante confiar y apoyarse en el camino recorrido, en las habilidades que tenés, en la fuerza e incluso en las debilidades que tratás de cubrir. Si hasta este momento llegaste, hiciste, lograste ¿por qué no vas a poder seguir haciéndolo?

¿Qué talento personal identificás y cómo lo ponés en práctica en tu trabajo?
Soy una persona bastante frontal, pero muy respetuosa y paciente. Y ejecutiva. La mayoría de la gente anda con vueltas o demora para decir las cosas y para hacerlas. Soy de mantener al equipo informado, mostrar los avances, pero si se plantean obstáculos también lo voy a compartir. Voy a decir qué pasa y por qué y cómo pienso solucionarlo. Eso lo veo como una fortaleza porque inspira y da seguridad a la gente. También sé escuchar a mi instinto. A eso apela el libro *Mujeres que corren con lobos*, de Clarissa Pinkola Estés. La mujer ha perdido su salvajismo. Porque nacés en el lugar que nacés, con la familia que te toca, la religión que te toca, pasás a ser hija, hermana, empleada, mamá de… Te vas encajonando, te vas limitando cada vez más y ya no sabés quién sos. Dejás de escucharte y perdés tu identidad. Leí ese libro a los cuarenta años y me despertó algo. Fue una toma de conciencia necesaria, difícil y liberadora.

En el trabajo hay veces que digo "hay que ir por este lado", y capaz que en ese momento es algo que no se espera. Sin embargo, voy y me animo. Claro que son riesgos calculados. Porque sé que alguien lo hizo, que otra institución lo hizo de tal manera, o que alguien me había comentado al respecto. Voy sumando todos estos elementos y en un momento determinado tomo la decisión ¡y un proyecto se hace realidad!

" Soy de mantener al equipo informado, mostrar los avances, pero si se plantean obstáculos también lo voy a compartir (...) sé escuchar a mi instinto ".

¿Tenés alguna rutina para trabajar mejor?
Acostarme y levantarme temprano, desayunar bien, empezar el día con una actitud de agradecimiento, abrir las ventanas, respirar el aire fresco. Tomar el tiempo para vestirme cada mañana pensando en mi estado de ánimo, arreglarme. También pienso que la actividad física, así sea caminar media hora, es fundamental. Montevideo es una ciudad

muy linda, con esos cielos. Aprecio mucho eso: la Rambla, escuchar los pájaros…, me nutro de esos estímulos. Otro apunte es tener una agenda y darme el tiempo para hacer lo que tengo que hacer, no andar a las corridas. Ya pasé la época en que me ponía mil cosas en la lista y después siempre estaba cansada. Hoy hago esto, lo termino, y después paso a lo otro para hacer las cosas bien y con el tiempo suficiente. Claro que sin perder tiempo, priorizando para ser productiva y eficiente.

Y me gusta pasar tiempo con mis hijos. Para mí, eso es un valor y algo que le agrega sentido al día. Como pasar tiempo con la gente que me hace bien, que tiene buena energía. Y tener la capacidad de decir que no es muy importante. El "tengo que" no existe; es hacer esto porque quiero hacerlo. Capaz todo es más un estilo de vida que una rutina.

" El "tengo que" no existe; es hacer esto porque quiero hacerlo ".

¿Cuáles son tus pasiones?
Mi perro Popper (un westie blanco que descansa a nuestros pies durante el encuentro). No te imaginás lo que ha hecho en mi vida. Cuando mis hijos dijeron que querían tener un perro pensé en mi falta de tiempo ¡y encima un perro! Sin embargo, Popper vino a enseñarme tantas cosas. Había un lugar para él en mi vida que yo no lo sabía. Me hizo frenar. Los perros viven en un eterno presente. Su existencia es básica: comen, van, vienen, duermen mucho. Pero es el estar ahí. Me acompaña, me ha enseñado muchísimo, y me dio cero trabajo. El tiempo que me sacó fue poco y si fue, seguramente fue de algo que no era importante. También juego al tenis, hago yoga, salgo en bicicleta…; la actividad física para mí es un gran deleite. Lo mismo que el campo, el mar, la naturaleza salvaje. Por muchos años, cuando viví en el exterior, no tuve acceso a la naturaleza y me di cuenta de que es algo que me planta, me conecta y es importante.

Y me encanta viajar, porque abrís la cabeza, ves otras cosas. Viví tantos años fuera que me gusta estar en lugares donde soy anónima, encontrarme con alguien en una cena que me va a contar una cosa que nunca en la vida se me ocurrió, o darme cuenta de que tenemos algo en común cuando, supuestamente, esa persona no tiene nada que ver conmigo. Me gusta que la vida me sorprenda, descubrir cosas nuevas. Eso me motiva, me hace feliz. Me apasionan además la decoración, la arquitectura, el arte, y lo aprecio y lo consumo: la estética y la experiencia estética. Por eso me afecta cuando voy por la calle y veo una volqueta desbordada, el desorden, la desidia. Me parece que el ser humano rodeado de belleza se enaltece. Y, por supuesto, me gusta pasar tiempo con buenos amigos, amigos del alma. Esas relaciones humanas de calidad donde encontrás la comunión con otras personas; esos momentos escasos pero tan valiosos.

" La naturaleza (...) es algo que me planta, me conecta ".

¿Qué diferencia experimentaste entre trabajar en el extranjero y en Uruguay?

A mí lo que me pasó, y creo que a vos también, es que cuando te vas de tu país, especialmente de Uruguay que es un país tan chiquito y donde todo el mundo se conoce, llegás a otro lugar en el que no sos nadie. Y eso te hace más fuerte. Tenés que abrirte tu propio camino, hacerte conocer por quién sos realmente. Te sentís muy sola; la soledad que una siente cuando se va es muy particular. Ahí valorás el tener esa red de apoyo cuando volvés. Eso lo pienso en relación a mis hijos. Nosotros volvimos para que pudieran ir al colegio en Uruguay y desarrollar ese sentido de pertenencia a un lugar. Acá siento que a mis hijos los está mirando gente que conozco, ven algo y me lo van a decir, esto te da un sentido de tribu.

Después, culturalmente somos mucho más relajados. Somos pocos, es fácil llegar a cualquier lado. Tenemos la red de soporte de la familia y los amigos. En el tema del trabajo, por ejemplo, en Estados Unidos, es un pimpampum; nadie se va a ofender. Acá, están las sensibilidades del tipo "y si se lo digo de tal manera, cómo lo va a interpretar". Yo uso un poco de los dos lugares, y en los dos lados me ha traído situaciones: o soy demasiado abrupta o directa, hasta que no soy tan directa por el otro lado. Pero eso también te enriquece y te hace más versátil.

¿Hay algo que harías diferente a nivel profesional si volvieras a empezar?
Un par de cosas. Por un lado, cuando estaba eligiendo mi carrera universitaria, en cuarto de liceo. Ibas a ser contadora, doctora, abogada, lo que sea. Era como el paradigma. Tenías que seguir con eso y listo, no podías hacer otra cosa. Y ahí hay dos cuestiones: siempre pensé que hubiera sido bueno ser arquitecta. Me encanta la arquitectura y el diseño, y podría haberlo hecho bien. Podría haber empezado a estudiar arquitectura a los treinta años o incluso ahora, pero me dije "no, tengo que seguir avanzando en lo que estoy haciendo, no voy a frenar e ir para atrás". Pero, claro, de repente daba un paso para atrás para dar cincuenta para adelante. Creo que en cada momento hay que entender que la vida es larga y que hay tiempo para todo. No quiero decir cambiar cada cinco minutos, sino que no te importe empezar de nuevo y sentir que te va a ir bien. Luego, hice una carrera de grado y siempre la mudanza era una constante, y en un momento de mi vida pospuse hacer una maestría y después nunca era el momento. Por alguna razón, no lo puse como una prioridad. Me quedó pendiente.

> " De repente daba un paso para atrás para dar cincuenta para adelante. Creo que en cada momento hay que entender que la vida es larga y que hay tiempo para todo ".

¿Cuáles son tus sueños hoy?
Me casé con un extranjero y me fui de Uruguay a los veinte años. Ahora volví y, a veces, pienso cómo hubiese sido mi vida sin haber tenido ese desarraigo. Eso de proyectarte sabiendo que pueden cambiar un montón de cosas pero que hay algunas que se van a mantener. Vivir en un lugar donde sé que mi casa siempre va a estar ahí, donde si voy los fines de semana a una laguna que me gusta va a ser siempre *esa* laguna... Ese es el sueño de un ideal. Pero no podés tener el pan y tener la torta. Si te fuiste, viajaste y estuvo bueno y, por otro lado, querés tener lo otro... ¡Bueno,

somos seres contradictorios! También quiero estar con mis hijos, estar cerca, verlos realizarse e irme antes que ellos. Capaz que eso es entre un sueño y un miedo. Que nada le pase a mis hijos.

Y vivir un día a la vez, aceptar esta condición nuestra que tenemos y vivir plenamente. Estoy cada vez más en disfrutar del momento que estoy viviendo. Ahora estoy conversando contigo; estoy fascinada, porque te conocí hace seis o siete años, me caíste divino, lo pasamos bárbaro, estoy tranquila, disfrutando. Después, estoy con mis hijos. O desayuno, me tomo un café rico. Es estar en el presente y disfrutar las pequeñas cosas. Igual si me voy de viaje; lo hago diciendo qué suerte, qué bendición. Incluso cuando estoy trabajando pienso qué bueno la gente que estoy conociendo, o este proyecto. Es una actitud. Capaz un sueño es que esto sea la norma. Ojo, no estoy iluminada ni mucho menos (se ríe). Es tratar de poner las cosas en perspectiva y hacerme menos mala sangre.

> **" Y vivir un día a la vez, aceptar esta condición nuestra que tenemos y vivir plenamente ".**

¿Qué consejo darías a alguien que quiere hoy crear o trabajar en una ONG?

Para trabajar en una ONG, creo que el tema es muy visceral: tenés que tener esa vocación de dar, de comprometerte a cambiar, de ser idealista, transgresora. Después, es una profesión como cualquier otra. Requiere preparación y seriedad. El compromiso es la remuneración. En otros sectores te van a remunerar mejor, pero si querés ser agente de cambio en la sociedad uruguaya tenés que lanzarte y ser muy hábil, creativa. Las ONG tienen un equipo remunerado y un equipo voluntario. Ese es el modelo estándar.

Para la que quiere crearla, empezaría por conformar un buen directorio; es clave. Tú tenés tu visión, tu misión, y para que se concreten hay que armar un directorio comprometido, activo, preparado, con experiencia en el rubro en el que estás trabajando, donde cada uno tenga las habilidades necesarias, que se involucre y sea apasionado, que comulgue con tu misión. No porque sean mengano o sultano querés a esas personas en tu directorio. Tienen que agregar valor. Y que sean dinámicos, que no se queden inamovibles tipo empleados públicos, sino que ya tengan definida la rotación. Eso se prevé en los estatutos. Y cada año se renueva el compromiso.

> " Para trabajar en una ONG, creo que el tema es muy visceral: tenés que tener esa vocación de dar, de comprometerte a cambiar, de ser idealista, transgresora ".

¿Tenés referentes que te inspiren?

Le tengo mucho respeto a una persona dentro de ReachingU que fue presidente del directorio y ahora lo integra, que es muy amigo mío y fue como un mentor. Veo cómo actúa, cómo piensa y lo que ha logrado en su vida. Es una persona que pregunta mucho. ¿Viste que, cuanto mayor, una hace menos preguntas? En cambio él, con todo respeto y cuando amerita, te hace una pregunta. Pregunta mucho a sus hijos y yo hago lo mismo. Preguntar para interesarse, no para entrometerse. Después está Roger Federer, que es mi ídolo; me parece un genio. Me encanta el tenis y él transmite serenidad, se cuida, nunca está lesionado, conoce sus limitaciones y hasta dónde puede llegar. También me encanta la filosofía. Leo, por ejemplo, a Friedrich Nietzsche, Carl Gustav Jung o Byun-Chul Han porque sus ideas me ayudan a pensar y a reflexionar. Esas mentes brillantes que ya recorrieron el camino, lo analizaron de otra manera y que te pueden iluminar.

Si tuvieras una varita mágica para pedir un deseo para Uruguay, ¿que pedirías?

Que todos nos involucremos más. Salir de la apatía. Cambiar lo que queremos cambiar. Si vas cediendo, se te va yendo el país. Yo no viví lo que se llamaba "la Suiza de América" y no creo que tengamos que ser eso, ni "la Noruega de América". Tenemos que ser Uruguay, sacar lo mejor de nosotros, recuperar los valores, el orgullo, que vuelva a ser un país que te ofrezca un futuro, que te permita soñar, proyectarte. Un país donde haya seguridad, que nos dé a todos la posibilidad de educarnos para poder enfrentarnos al mundo al que nos vamos a enfrentar.

Uruguay está fallando en educar a sus próximas generaciones para lo que se viene. Sin ser una utopía, debemos convertirnos en un generador de ideas, un exportador de conocimiento, recuperar las bases de lo que fue Uruguay, que era una excepción. El país se gestó con mucha inteligencia y mucha visión. Hay que frenar lo que no funciona, darnos cuenta de que somos mucho más que esto, salir de la mediocridad y el conformismo, actuar. Un país donde puedas educar bien a tus hijos y darles un porvenir y que no se tengan que ir.

" Que todos nos involucremos más. Salir de la apatía. Cambiar lo que queremos cambiar. Si vas cediendo, se te va yendo el país ".

Este es un libro para inspirar a las mujeres uruguayas a jugarse a nivel profesional y a soñar en grande. ¿Qué mensaje te gustaría transmitirles?
Con una esperanza de vida tan larga como la de hoy tenemos tantas oportunidades para reinventarnos, para volver a empezar. Entonces me parece que los sueños que puedas tener, ¡seguí teniéndolos! Nunca hay que dejar de soñar. El adulto deja de jugar y de sorprenderse. Sin embargo, siempre hay que tener esa capacidad de jugar, de soñar, de salir de la zona de confort, de buscar la vuelta para hacer lo que quieras hacer. Hoy en día, tenemos el mundo a nuestro alcance. Así que tenés que empezar por creértela, sobre todo como mujer, tener confianza en vos, no dejarte frenar por expectativas de otras personas o de la sociedad que se proyectan en vos. Me parece que soñar en grande es hacer lo que te gusta, porque si hacés lo que te gusta te va a ir bien. Cada vez hay más mujeres haciendo, trabajando, cambiando. En Uruguay tenemos todas las oportunidades abiertas y disponibles.

> " Tenemos que ser Uruguay, sacar lo mejor de nosotros, recuperar los valores, el orgullo ".

¿Una canción que te motive?
A *Sky Full Of Stars*, de Coldplay, y Una lady como tú, de Manuel Turizo, que me hizo escuchar mi hijo por primera vez.

Apuntes

Aprovechá las oportunidades, hacé lo que puedas mientras puedas.

A veces un paso hacia atrás significa cincuenta hacia adelante.

Aprendé de los casos de éxito, no siempre es necesario inventar la rueda.

Desarrollá vínculos honestos a nivel personal y profesional.

Para crear una ONG es clave conformar un directorio pertinente y comprometido.

Que las expectativas de los otros no sean un freno para tus sueños.

Conectá con tu esencia y con tu intuición.

" Me gusta aprender, conocer gente que está haciendo algo que a mí me interesa, conocer los casos de éxito. No soy de reinventar la rueda, si hay experiencias que son exitosas, vamos a mirarlas ".

Fernanda Guliak

Pamela Martínez

Fundadora y directora de Espacio Ombijam:
Yoga y valores en cárceles.
Terapeuta integral.

Entrevista realizada por Skype el 28 de abril de 2019.

"**A las mujeres les diría que sean valientes para poder sostener sus sueños y su independencia**".

LA IMPORTANCIA DE DAR Y DE RECIBIR OPORTUNIDADES

La vida de Pamela parece una película. Hija de una familia muy humilde, de niña soñaba con viajar al Caribe y terminó siendo gerente de un hotel ecológico en el Caribe mexicano. Años después, decidió dejar esa vida paradisíaca para volver a Uruguay y dedicarse a un sector olvidado de la sociedad: los privados de libertad. Como terapeuta integral, y a través de su programa *Yoga y valores en cárceles*, fortalece procesos de rehabilitación a través del amor y la confianza, porque sabe mejor que nadie que una oportunidad te puede cambiar la vida. En una ocasión, los alumnos de ese programa le regalaron una lapicera que escribe de manera invisible, hay que prender la luz para ver lo que está escrito. Pamela es una persona que emana luz y no puedo evitar pensar en la analogía con ese regalo, porque ella revela lo que no se ve a simple vista. Después de conocerla, me impactó su paz interior, su generosidad, su coraje que la hace libre, su enorme sensibilidad y su perseverancia.

Vale la pena ver su charla TEDx Durazno *La vida es una oportunidad*, donde cuenta la historia de su vida. Realizamos la entrevista por Skype, y aunque nos separaban miles de kilómetros la sentí cerca. Me sorprendió cuánto se conoce y cómo las decisiones más importantes de su vida han estado guiadas por su intuición. Pamela es esa persona con quien me imagino hablando horas porque tiene muchas anécdotas ricas en vida, que cuenta en un tono pausado, sonriente y confiada.

Pamela, ¿cómo te definís?
Como hija de las oportunidades, maestra y practicante a la vez, exigente y amorosa, sensible pero con determinación, con gran capacidad para establecer límites ecológicos. Soy una mujer que se escucha; me relaciono conmigo misma. Valoro el silencio, amo la meditación y la naturaleza. Me gusta aprender, reinventarme, ser creativa, ayudar, sentirme útil. Y lo que más le da sentido a mi vida es transformar y expandir la conciencia, la propia y la de los demás.

Sos una soñadora. ¿Qué te hace pasar de los sueños a la acción?
Soy sumamente soñadora: me encanta crear y lo que me hace concretar las ideas es que tengo alas y raíces. Las alas me permiten estar en el proceso creativo, y las raíces concretar, o por lo menos intentarlo. Siempre doy la pelea: algunas cosas salen, otras más o menos y otras quedan germinando.

¿Siempre fuiste tan determinada?
Sí, desde chica, por suerte. A mis padres los volvía locos (risas). Creo que es consecuencia de la conjunción de muchas cosas. Por un lado, nací con una personalidad fuerte y, por otro, me crié con tres hermanos varones, siendo la única hija de un padre marcado por una cultura machista. Si yo no me ponía la pollera bien puesta, desaparecía. Mis raíces me marcaron: mi abuela fue la fundadora de los ranchos del Miguelete, uno de los primeros asentamientos del país; mi mamá nació en un asentamiento; mi papá fue basurero de la Intendencia de Montevideo. Vengo de la pobreza económica, porque hay muchos tipos de pobreza, y de mucha humildad. La fortaleza para superarme es algo que heredé de mis padres.

Además, a partir de los nueve años tuve una de esas enfermedades raras que van degenerando tendones, ligamentos y huesos. Fui operada sistemáticamente de mis piernas hasta los 17 años. Estaba siempre enyesada y con alambres dentro de las piernas. Cada vez que terminaba una operación, tenía que volver a aprender a caminar. Ya tenía un carácter fuerte pero la enfermedad me fortaleció más gracias a mi empeño, porque en un momento decidí dejar de operarme y buscar caminos alternativos. Así fue que empecé con el yoga, para rehabilitar mis piernas.

" **Vengo de la pobreza económica, porque hay muchos tipos de pobreza, y de mucha humildad. La fortaleza para superarme es algo que heredé de mis padres** ".

Contás en tu charla TEDx Durazno que a los cinco años soñabas con vivir en el Caribe y que te decían en tu casa que era poco realista. A los 31, llegaste a ser mánager de un hotel en el Caribe. ¿Cómo se dio eso?
Pese a las operaciones, empecé a trabajar a los trece años como cadete en una farmacia de mi barrio. Esa fue mi segunda pelea de género siendo niña; la primera, fue en mi casa. Creo que fui la primera cadete mujer en Uruguay (risas). Cuando me presenté para el trabajo me dijeron que no, porque era un puesto para un varón. Yo respondí que lo podía hacer mejor que un varón y que me hicieran una prueba. La dueña me contrató, y con el tiempo terminé siendo encargada de farmacias de plaza.

En esos periplos conocí al artista uruguayo Emil Montgomery. Fui su mano derecha durante diez años.

En una gira viajamos a México, donde conocí el Colegio Mexicano de Terapeutas Florales y Naturales, que ofrecía una formación que me interesaba y que en Montevideo no había encontrado; así que decidí quedarme. En ese colegio conseguí una beca para estudiar y un trabajo como asistente de la directora, Alejandra Valdez Lankes, creadora del primer sistema floral mexicano tipificado: Elixires Aztecas. Me recibí de terapeuta y estuve ahí cuatro años. Después empecé a viajar por México, y en uno de esos viajes decidí quedarme en Playa del Carmen, donde vivía una amiga. A los pocos días de haber llegado me deprimí, cosa rara en mí. Empecé a pensar que había hecho una locura al dejar una vida en Monterrey en la que me estaba yendo muy bien para estar en un lugar donde, sin saber inglés, no iba a poder ser ni moza. En esos mismos días, volviendo de la playa, me encontré con un conocido, que me presentó a un empresario que estaba con él y al que me recomendó por mi manera de trabajar. Esa persona me dio un trabajo al día siguiente, y a partir de ahí no paré de trabajar. En México me quedé diez años entre idas y vueltas. El último trabajo que tuve fue como gerente de un hotel ecológico en Playa del Carmen.

¿Qué te hizo volver a Uruguay?
Desde los 16 años la meditación forma parte de mi higiene de vida. Lo primero que hago al levantarme es una práctica y meditar. En esas meditaciones empecé a sentir que tenía que regresar a Uruguay. Era algo que yo no quería, porque estaba viviendo un sueño. Trabajaba en algo que me gustaba, ganaba muy bien y estaba donde quería. Como me conozco mucho y en las meditaciones era cada vez más profundo ese mensaje, hice un pacto conmigo misma y me propuse que por tres meses no le iba a prestar atención a esa voz interior. Si pasado ese tiempo perduraba, entonces sí le prestaría atención. Pasaron los tres meses y ya no era un susurro, era un grito. Fue tan fuerte que renuncié al hotel, me quedé unos meses sabáticos recorriendo y despidiéndome y, luego, regresé a Uruguay.

> " Fui operada sistemáticamente de mis piernas hasta los 17 años (...) Así fue que empecé con el yoga, para rehabilitar mis piernas ".

¿Qué hiciste al volver?
Sabía que iba a estar enfocada en el trabajo de la terapia integral, lo cual involucra el yoga, la meditación, la medicina natural. Lo primero fue comprarme una agenda y visualizar que se llenaba de autosanadores. Cuando cerré mi consultorio hace unos años para dedicarme totalmente a Espacio Ombijam, tenía treinta personas en lista de espera.

Ombijam comenzó facilitando clases de yoga en la cárcel de Punta de Rieles una vez por semana. Después empecé a ir más días porque los internos e internas me pedían seguimiento, que me encontrara con ellos y ellas fuera del marco de la clase para ser escuchados y tener orientación en diferentes temas. Empecé a dar talleres. Luego se sumó la unidad de mujeres con hijos, y cuando me quise acordar estaba todo mi tiempo en eso (sonríe).

Los primeros tres años pagué prácticamente todo de mi bolsillo, y desde hace dos años la remo. Desde 2017 recibo apoyo del Ministerio del Interior y alguna colaboración, que vamos consiguiendo con rifas o empresas que se sensibilizan. Actualmente estamos con un grupo de emprendedores; hemos formado una asociación civil y se abrirá una cuenta bancaria para pedir apoyo de una manera transparente y sostener el trabajo. Estoy muy feliz porque estamos trabajando para que Uruguay tenga su primera escuela de educación emocional para la transformación de la conciencia, dentro de la Unidad 6. Hace tres años que luchamos para construirla, y hace unos meses retomamos el proyecto con el apoyo de uno de los estudios de arquitectura más importante de Uruguay, Gómez Platero, y de un grupo de estudiantes de arquitectura. Va a haber materias dinámicas y actividades que inciden directamente en la conciencia, por ejemplo una materia será el amor.

¿Ya has logrado medir los resultados de Ombijam?
Sí, hay una medición que todavía no es formal pero que es palpable. Por ejemplo, nuestra mano derecha y asesora en la asociación civil es una persona que fue privada de libertad durante 23 años y que es voluntario del programa. Asesora en temas relacionados con el sistema penitenciario y la reinserción social. Hace dos años que fue liberado y cuando salió quedó en situación de calle. Nosotros le ayudamos, le conseguimos un tutor empresarial, se pagó pensión y alimentación, continuó el seguimiento y, cuando lo sentimos fortalecido, le conseguimos un trabajo donde ha estado hasta el día de hoy. El mes pasado lo promovieron a capataz de área en una empresa de la construcción.

Otro ejemplo es un privado de libertad que era integrante del programa. Su nombre artístico es Kung-Fú Ombijam en agradecimiento a nosotros. Le gusta el rap, sus letras hacían referencia al estilo de vida que le llevó a la cárcel. Terminamos grabando un CD profesional con dos productores uruguayos que trabajan con artistas importantes como Rubén Rada y No Te Va A Gustar, entre otros. Presentamos su CD en 2017 en la sede de AGADU[1]. Es la primera persona privada de libertad con carnet de socio de AGADU y con derechos de autor (se le iluminan los ojos). Desde ese entonces, no ha parado de trabajar y sale de la cárcel para estar en distintos escenarios. Se ha presentado en el Teatro Solís, en La Trastienda como telonero de La Vela Puerca… Está trabajando en lo que le gusta y le canta a la cultura, a la paz, a la transformación de la conciencia y a que se puede. Y dejó la vida delictiva. Porque, al final, lo único que nos diferencia es la educación.

Eso lo vi claro cuando trabajé en voluntariado; mis primeros trabajos fueron con la infancia y en orfanatos. Mucha gente me pregunta por qué dejé a los niños. Yo respondo que estamos trabajando para los niños; porque cada adulto que se recupera a sí mismo es un buen padre, hermano o hijo. ¿Sabés que nunca vi tanto impacto en la infancia como haciendo esto?

> " Es la primera persona privada de libertad con carnet de socio de AGADU y con derechos de autor (...) al final, lo único que nos diferencia es la educación ".

También crearon un banco laboral.

Después de tres años de trabajar en cárceles, vimos que alumnos y alumnas del programa salían de la cárcel con cien pesos y nada más; muchas veces sin un familiar, sin un techo y con amistades que están en el narcotráfico. Porque la mayoría tiene que ver con temas de adicciones, en los que Uruguay tiene pocos abordajes para su tratamiento. Me angustiaba ver que dentro de la cárcel hacían un proceso alucinante, con unos cambios importantes, incluso dejaban el consumo, pero una vez que estaban afuera en pocos meses quedaban otra vez arruinados, en situación de calle, invisibles, sin oportunidades. Y pensaba: no puede ser tan difícil encontrar un trabajo para ellos. Así que desarrollé el proyecto del banco laboral para personas liberadas.

---

(1) Asociación General de Autores del Uruguay.

Recorrí muchas empresas, que se rieron en mi cara. Un día, el consejero de Finanzas de la embajada de España, Antonio Sánchez, me dijo "pero, chica, esta es una idea genial; nosotros te vamos a apoyar". Y lancé el proyecto en la Cámara de Comercio Española, con el comisionado para el Sistema Penitenciario, la referente del Instituto Interamericano de Derechos Humanos para Sudamérica y el director de la cárcel, Luis Parodi. Entre los presentes estaba el embajador de España. A partir de ahí empezamos a firmar convenios con empresas que brindan trabajo a personas que pasan por el abordaje integral del programa. Se han sumado al momento diez empresas. Trabajamos con mucha gente, tanto voluntarios como del sector empresarial. Por ejemplo, desde hace dos años Sinergia Cowork nos da un salón hermoso en uno de sus espacios, donde hacemos yoga con expresos, empresarios, docentes, universitarios o estudiantes en una absoluta armonía y convivencia pacífica.

¿Es la primera vez que se hace este tipo de programa en una cárcel uruguaya?
Programas de rehabilitación se han hecho en las cárceles de Uruguay, no somos los primeros. Ahora, un programa de estas características, nunca. Hay un informe de la ONU realizado en 2010 por Manfred Nowak que denuncia las condiciones deplorables de las cárceles en Uruguay, con una negligencia en derechos humanos muy fuerte. Entonces, ¿cuáles son nuestras características? Que tenga el enfoque principalmente en lo emocional, que la plataforma sea el yoga y sus valores, y que a partir de ahí se impulse y motive a cada participante a estudiar o a trabajar, a tener emprendimientos dentro de la unidad y a reconstruir sus vínculos familiares, apoyando también sus necesidades básicas. Además, hemos desarrollado el acompañamiento una vez que salen liberados, donde hay un abordaje integral con psicólogas, clases de yoga, tratamiento para la adicción, actividades recreativas, taller de costura, de lectura; en fin, varias actividades. Cuando son participantes activos hay una evaluación, y si es favorable hacemos la reinserción a través del banco laboral. La verdad es que la Unidad 6 se ve como modelo en el país e incluso en la región, aunque a su director, Luis Parodi, no le gusta que lo diga.

¿Las cárceles se regulan cada una como quiere su director?
Hasta hace tres años cada cárcel podía regularse con su comisario de turno. Eso explica mucho la negligencia que ha tenido Uruguay en este tema. Desde entonces, se logró una coordinación nacional y están reguladas por el Instituto Nacional de Rehabilitación, que lleva creado unos diez años. Sin embargo, es un tema estancado y no hay grandes cambios en el sistema penitenciario. La reincidencia lo demuestra. De 6.000 personas liberadas por año se calcula que entre un 60% y un 80% va a reincidir.

¿Están trabajando en cómo medir los resultados del programa a futuro?
Ojalá. Necesitamos profesionales que puedan medir el impacto y de alguna manera sistematizar el proyecto, generar una metodología de trabajo. Muchos en la región nos consultan si tenemos una sistematización para replicar la experiencia. El año pasado estuve en Estados Unidos y fue lo primero que me preguntaron. No podían creer lo que hacemos acá, que tuviéramos tan poco apoyo y que no hubiera sistematización.

En tu charla TEDx Durazno hablas de la importancia de dar y de recibir oportunidades. ¿Quien te dio la primera oportunidad profesional fue la dueña de la farmacia?
Sí, sin duda. Nosotros éramos de un extracto muy humilde viviendo en un barrio de ricos, Punta Carretas. Cuando mis padres me pidieron que les explicara por qué quería trabajar les dije que quería ganar por mí misma las cosas que veía que ellos no me iban a poder dar. Y me dijeron que si no bajaba las notas de los estudios podía hacerlo. Fue así que me presenté en la farmacia. Hasta el día de hoy sigo en contacto con esa señora y su familia. La señora hoy tiene noventa y pico años. E incluso han colaborado con la asociación.

> " Cuando mis padres me pidieron que les explicara por qué quería trabajar les dije que quería ganar por mí misma las cosas que veía que ellos no me iban a poder dar ".

Antes de empezar Ombijam, ¿sentías que querías hacer un proyecto tan grande, aún sin saber qué era exactamente?
Hay varias respuestas a eso. La primera es que todavía no lo veo grande. Hay tanta necesidad en la gente que siento que por más que se hacen cosas falta tanto, que es muy pequeño. Pero cuando entré a la cárcel no pensé que iba a pasar todo lo que está pasando. Recuerdo que, caminando por la calle de tierra que lleva a la cárcel, vi a la distancia a los guardias con sus ametralladoras colgando de los hombros, y me di cuenta rápidamente de que yo también tenía un arma: el tapete de yoga. Luego supe que había algo más de lo cual no tenía la dimensión, solo la certeza de sentirlo. En mi caso, lo tomé bien porque creo en el paso a paso, no soy de saltos cuánticos. Soy una enamorada de los procesos más que de los resultados. Creo que eso se lo debo al yoga y a la meditación, porque te hacen estar muy en el presente.

¿Cómo hacés para llevar gente hacia tu proyecto?
Soy natural, honesta; les hablo de las cosas en las que creo sin sentir que soy la dueña de la verdad. Muestro una mirada distinta. Trato de generar empatía; que las personas se den cuenta de que ellos mismos pueden pasar por una situación como las que nosotros tratamos hoy. Por ejemplo, hace poco me pasó una situación particular. Un vecino de mi infancia en Punta Carretas fue preso y empezó a ser extorsionado dentro de la cárcel. Como su señora sabe de mi trabajo, me contactó para ver cómo podían llevar la situación y saber qué hacer. Y mirá qué interesante. La invité a venir a una clase de yoga con los integrantes del programa, que también son presos. Ella contó la problemática sin exponer detalles y sin decir quién era, y la rueda le compartió posibles soluciones. Terminó solucionando su problema sobre cómo no ceder al chantaje y no caer en la red de extorsión. El grupo la contuvo, la abrazó y la vieron como si fuese la esposa de cualquiera de ellos.

> " **Soy una enamorada de los procesos más que de los resultados. Creo que eso se lo debo al yoga y a la meditación, porque te hacen estar muy en el presente** ".

En toda esta aventura increíble, ¿hay algún error del que hayas aprendido y quieras compartir?
¡Muchos! Un error que cometí al principio, y que estoy subsanando, fue el haber trabajado de una manera casi aislada. Hoy me propongo, pese a que el desafío es enorme, generar redes. Aunque resulte muy difícil trabajar con equipos multidisciplinarios, porque cada uno trae su impronta y porque acá hay mentalidad de la chacrita propia, entonces aunque hagas un acuerdo no hay interconexión verdadera. La red la creo y la desarrollo tocando puertas, explicando el proyecto, hablando con la gente. Esta red de voluntarios viene creciendo mucho.

¿Qué te enseñó Ombijam?
Me enseñó mucho de mí misma, porque tuve que enfrentar muchas situaciones nuevas, conectarme con herramientas que no sabía que tenía al trabajar en contextos totalmente distintos. Me enseñó acerca de la corrupción, donde lo que uno ve es la punta del iceberg. Me enseñó más profundamente acerca de las oscuridades y las luces del ser humano. Hay cosas que no las voy a comprender y hay otras que son un bálsamo para aquellas que no puedo entender. Y entre esos dos aspectos tenés que encontrar siempre un equilibrio para no irte. Porque bordeo conductas tan distorsionadas, y no solo hablo de los privados de libertad sino también de la política, de las autoridades.

Otra cosa muy positiva es que encontré mucha sensibilidad y responsabilidad social en el sector que menos pensaba: en el empresarial emprendedor. Fui hacia ese lado después de darme la cabeza contra la pared con las autoridades y el Gobierno. Cuando empecé a tocar otras puertas, fue una gran revelación y trabajé con mis propios prejuicios. Porque pensé que iba a ser el sector más frío, que menos les iba a importar, que me iban a hablar de ganancias económicas, y me encontré con un montón de corazones que tienen los recursos y la disponibilidad para trabajar por el bien común. Son quienes más lo entienden. Los jóvenes emprendedores vienen con un chip distinto; no solo quieren ganar dinero, lo quieren ganar generando conciencia.

" Hay cosas que no las voy a comprender y hay otras que son un bálsamo para aquellas que no puedo entender ".

¿Cómo te motivás para seguir adelante en los momentos difíciles?
La naturaleza me inspira muchísimo. Siento que hay una inteligencia muy fuerte en la naturaleza y por suerte me doy cuenta cuando estoy con poco equilibrio y busco conectarme. Además, la meditación me ayuda mucho. Medito desde los 16 años, todos los días. Y últimamente también me da mucha fuerza ver a las personas que hemos conocido en los procesos y que hoy están llevando una vida fuera del delito haciendo cosas por la comunidad, dejando las drogas y el alcohol, sumando al bien común. ¡Guau! Cuando estoy mal, ellos son una fuente de inspiración muy grande. Porque en esos momentos de debilidad te cuestionás muchas cosas. Por ejemplo, a una de las nenas le regalamos un libro para su cumpleaños y ella no era de leer. Un año después, me mandó un video donde decía: "Pamela, estoy cumpliendo cinco años, ¿me regalás otro libro?". Parece una pavada, pero una nena que te pide un libro muestra un cambio profundo. O un chico que empezó a trabajar y me dijo: "Me está cambiando la vida; no sabés lo que es esto. Lo que dignifica el trabajo". La recompensa es ver el resultado de verdad, porque no se puede engañar al alma. No son suficientes las notas de prensa o que escriban un libro de vos, o que te digan qué bien lo que estás haciendo. Lo que tiene valor es ver el cambio en la gente.

¿Qué le dirías a una uruguaya que en este momento está decidiendo su futuro profesional?
Que se escuche siempre, porque la lógica te va a decir cosas pero si vos te escuchás es verdad que hay una magia que hace que sucedan cosas cuando una es fiel a sí misma. Y empieza a aparecer lo que no tenías previsto: personas, artículos, cosas que hacen que te fortalezcas en lo que estás haciendo. Eso, si estás bienintencionada. Creo que las cosas con buena intención son producto del amor, y que esa energía es la que mueve el mundo. Por eso soy muy confiada cuando quiero hacer algo, nunca me fijo si la estadística me va a decir que sí, si alguien lo está

haciendo o no. Lo que necesito es sentirlo; si lo siento, avanzo con la mayor inteligencia que el momento me deje tener y siempre atenta para observar y aprender.

También le diría que no se cierre en sus propias ideas y vea las cosas que se presentan porque a veces, donde menos lo esperás, encontrás una puerta que se abre, un puente para cruzar al otro lado, una conexión. Eso es: ir confiadas y abiertas, porque no hay una única forma. El sistema siempre te quiere mostrar que la forma de hacer las cosas es "esta". Y en realidad, si confiás en esa inteligencia de la que hablo, hay muchas formas. Tenés que tener la capacidad de manejar la incertidumbre, de manejar la ansiedad por lo que no podés ver y de poder confiar en lo que estás sintiendo. Luego, eso no es suficiente, tenés que ser coherente, tener disciplina y constancia. Porque como con cualquier éxito, antes vas a tener cien fracasos. O cien pasos de ensayo y error, y si no estás fortalecida interiormente te vas a frustrar y vas a pensar que no es para vos. Y cuando te diste muchas veces la cabeza con la misma puerta, busca otros caminos. Porque capaz estás pensando que no funciona y lo que no funciona es ese camino. Y buscá la creatividad: es muy importante, un salvavidas, y generalmente somos muy poco creativos. Para mí, la creatividad es un estado de vitalismo. Y la gente no está vital, está más bien apagada, obcecada, como resignada.

> " El sistema siempre te quiere mostrar que la forma de hacer las cosas es "esta". Y en realidad, si confiás en esa inteligencia de la que hablo, hay muchas formas ".

¿Has experimentado barreras a nivel profesional por ser mujer?
Sí, y en lo que estoy haciendo ahora bastante. Incluso he sentido acoso laboral de parte de algunas autoridades. No por las personas con las que trabajo en el día a día. Tengo el caso de un jerarca que ha pedido que saquen el programa con argumentos difamatorios y falsos. Imagino que es porque nuestro trabajo evidencia cuestiones que no se están haciendo. También me ha pasado de reunirme por horas con instituciones para realizar un convenio y luego desaparecen, no te vuelven a recibir o a

atender el teléfono. Es raro, más cuando están en cargos de gran sensibilidad social. Siento que no hay conciencia en las autoridades de que son servidores públicos. Al contrario, a veces he sentido que te brindan su atención como si fuera una limosna y no su trabajo.

También veo mucho trabajo de estrategia, de técnicos y de profesionales en los escritorios pero poco trabajo en los territorios. Se trabaja sobre la idea que se tiene de la información y del diagnóstico, pero ¿en qué momento eso se junta con las verdaderas necesidades de la gente? Por eso, a veces, los programas en los que se invierte no llegan a generar un cambio que perdure en el tiempo. Muchos se ríen porque voy con la herramienta del yoga. Hace poco, una autoridad me dijo que mi trabajo no servía para nada. Le pregunté en qué se basaba para decir eso, pero no obtuve respuesta. Me duele ver los juicios que tienen quienes se supone que son los responsables de encontrar soluciones para los problemas sociales. El sistema penitenciario por décadas ha sido un basurero social y estamos pagando esa negligencia con más violencia y muertes.

¿Qué creés que necesita la mujer uruguaya para sentirse plena a nivel profesional?
Confiar en ella. Me toca mucho esta pregunta, porque en mi caso fui la única hija de una familia humilde de varones con un papá muy machista. Después crecí en otro barrio y mis amigas pasaron por lo mismo que yo, lo cual quiere decir que era algo transversal al tema económico, era algo cultural que pasaba en cualquier extracto social. Todas jugábamos a las muñecas, queríamos casarnos vestidas de blanco. No me casé. Tengo 46 años. No tengo hijos, ni ando corriendo poniendo mis óvulos en ningún lado, porque no es mi proyecto de vida tenerlos. Y eso acá en Uruguay cuesta mucho. Es más, cuando la gente se entera de que no tengo hijos acto seguido viene una mirada complaciente y de lástima: "pobrecita, ¿qué le habrá pasado?" Mi gran hijo fue conocerme a mí.

No quiero salir de casa de mis padres y repetir la misma historia. Mi madre se llenó de hijos, mi abuela se llenó de hijos. A todas las veía siempre sirviendo a un hombre. Fui creciendo y trabajando en otros extractos sociales y seguí viendo mujeres que servían a hombres. ¿Qué les diría? Conózcanse. Conozcan sus fortalezas, sus debilidades, qué les gusta. Y luego sean valientes, porque también hay mucha comodidad en el tema de decir "bueno, si juego con las normas del sistema, me mantengo". Que sean valientes para poder sostener sus sueños y su independencia y, principalmente, ser fieles a sí mismas. Creo que lo mejor que le puede pasar a una mujer es ser fiel a sí misma. ¡Ojo, yo tengo amigas cuyo sueño fue ser madres y eso está genial! Lo que digo es no serlo por una estructura cultural.

> " Que sean valientes para poder sostener sus sueños y su independencia y, principalmente, ser fieles a sí mismas. Creo que lo mejor que le puede pasar a una mujer es ser fiel a sí misma ".

Hasta hoy me preguntan: "¿Seguís pensando lo mismo que hace diez años con respecto a la maternidad?, ¿no estás triste?". ¡Y no! De verdad, porque, si no, lo diría. Si sintiera esa necesidad, adoptaría. Imaginate que en la cárcel hasta que no conocen mi historia piensan que estoy casada con alguien de mucho dinero, que tengo poco que hacer y me dediqué a hacer algo altruista (se ríe). Por no tener hijos me dicen "¿qué te pasó, tenés una enfermedad?". Me gusta responder, no lo tomo a mal, porque la gente se sorprende y puedo mostrar otro punto de vista.

Otras dos cosas importantes, hablando de la mujer uruguaya, es pensar que la realización llega a través de la pareja y la maternidad; si no, no existís. Salir del cliché es difícil. Y no necesitamos eso a no ser que sea parte de la escucha interior, de ser fiel contigo misma. Hoy estoy en pareja después de hace dos años con un hombre increíble, estoy muy enamorada, pero él no está para rellenar nada en mi vida. Yo soy yo. Y el día en que eso no esté: *Om*. Eso es importante, saber estar contigo, tratarte a vos misma como la persona amada. Porque generalmente vos tratas al otro como al amado o a la amada. Que cuando comas, te sirvas con lo mejor: platos, velas, una copa, que te sirvas con amor. Ponerte música, generar un ambiente. Me gusta estar conmigo. Muchas mujeres acá me dicen "¡ah!, para mí no cocino".

A mí, hasta el día de hoy me cuesta encontrar el equilibrio entre lo personal y lo profesional y puedo lograrlo porque mi pareja me lo permite. Las parejas son espejos, ahora veo cosas de mí que no veía. Es un crecimiento lindo. Pero si eso no llegó a tu vida, disfruta el camino contigo misma. Veo mujeres que sacrifican mucho solo por estar con alguien porque no creen que pueden estar solas. Una vez escuché una entrevista que le hacían a la actriz argentina Cecilia Roth. Estaba recientemente separada de una de sus parejas y le preguntaron qué sentía ahora que estaba otra vez sola. Miró al periodista y le dijo: "¿Y qué voy a sentir? ¡Soy reina de mi soledad! Y eso me encanta, sentir que sos reina de tus espacios".

Si tuvieras una varita mágica y pudieras cumplir un sueño para Uruguay, ¿cuál sería?
Hay varios, pero creo que con el que me quedo, porque es la raíz de todo, es que sea realmente un Uruguay natural. Que se cuide la tierra, el agua, el medio ambiente, el aire y los animales. El día en el que el ser humano sea capaz de cuidar todas esas cosas, creo que se va a poder cuidar a sí mismo. No nos damos cuenta de que somos huéspedes en el planeta y que generamos mucho dolor a las otras especies. Siento la inteligencia de la naturaleza en sus colores, su vibración, sus olores, sus sonidos. Siento que estamos rodeados por una matriz de inteligencia.

Por ejemplo, tenemos un proyecto en el que llevamos cerca de sesenta animales, rescatados o tratados, a la cárcel: pájaros, gaviotas, gatos, perros... Se hacen desparasitaciones, curaciones y vacunaciones y se ha generado una conciencia en relación a eso. Los presos se han sensibilizado con el sufrimiento del animal. Se puede hacer un proyecto alucinante donde vos, a través de educar a las personas privadas de libertad en el cuidado del animal, apadrinándolo, lográs generar una empatía con los sentimientos, las emociones, el cuidado. Ese era mi proyecto original. Por un lado parás esa masa crítica de animales maltratados que viene creciendo; por otro, evitás un costo tremendo porque son fuente de enfermedades importantes.

¿Podrías compartir una canción que escuches para motivarte?
Canciones hay muchas que me gustan, pero en esos momentos escucho un mantra, que va relacionado con lo que te acabo de explicar: que todos los seres podamos ser libres y felices. Eso me lo repito mucho en momentos claves de mi vida.

Pamela se despide con sonrisas y un "namasté".

Apuntes

Generá espacios de silencio para poder escucharte.

Confía en tu intuición, en esa voz interior que sabe lo que es bueno para vos.

Luchá por tu independencia emocional y financiera.

Se fiel a vos misma y a tus necesidades.

Creá redes y no trabajes aislada.

Podés encontrar personas interesadas en tu proyecto donde menos lo imagines.

Encontrá inspiración en la naturaleza.

"La lógica te va a decir cosas pero si vos te escuchás es verdad que hay una magia que hace que sucedan cosas cuando una es fiel a sí misma. Y empieza a aparecer lo que no tenías previsto".

Pamela Martínez

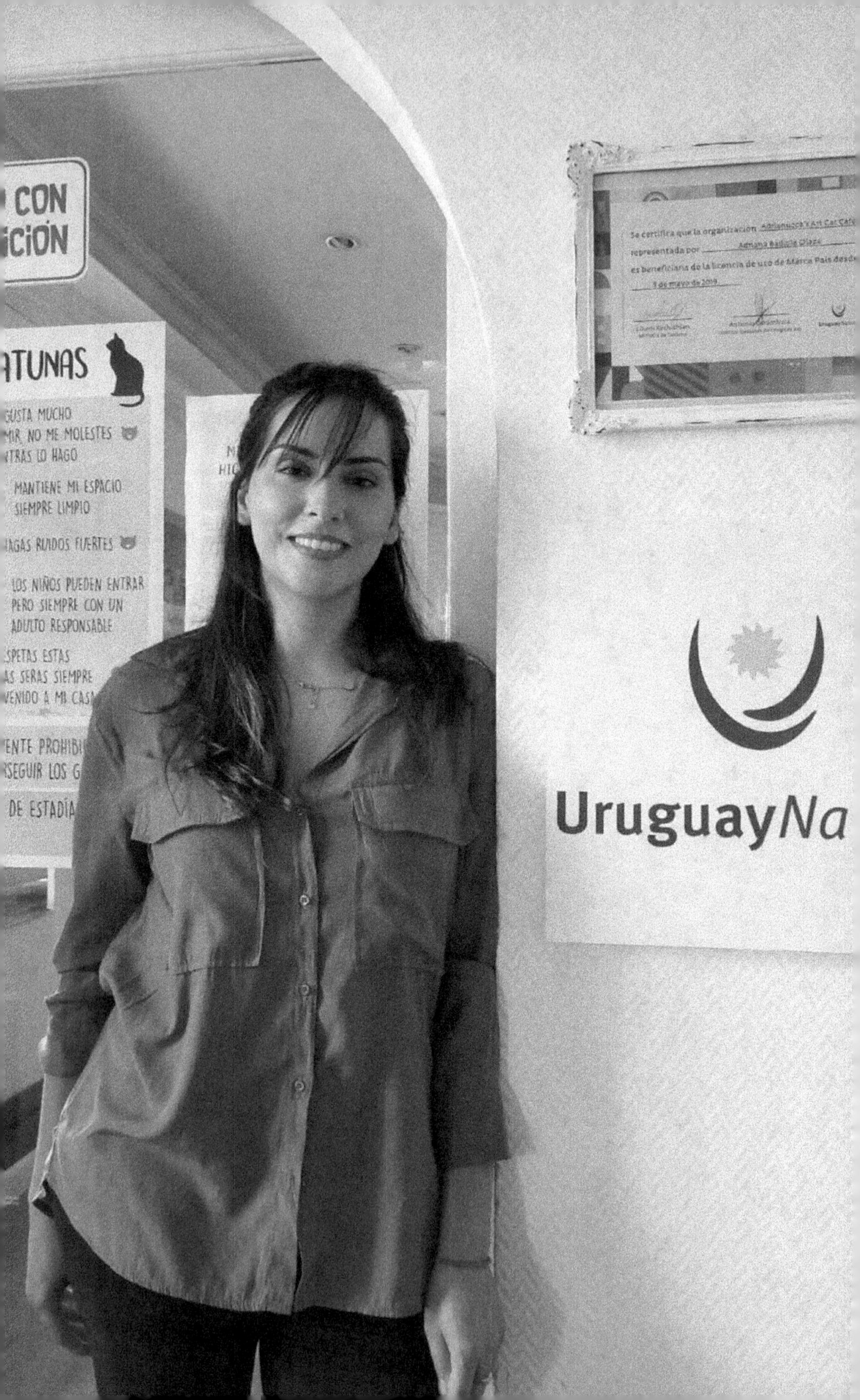
CON
CIÓN
ATUNAS
GUSTA MUCHO
MIR, NO ME MOLESTES
NTRAS LO HAGO
MANTIENE MI ESPACIO
SIEMPRE LIMPIO
AGAS RUIDOS FUERTES
LOS NIÑOS PUEDEN ENTRAR
PERO SIEMPRE CON UN
ADULTO RESPONSABLE
SPETAS ESTAS
AS SERAS SIEMPRE
VENIDO A MI CAS
ENTE PROHIBI
SEGUIR LOS G
DE ESTADÍA
UruguayNa

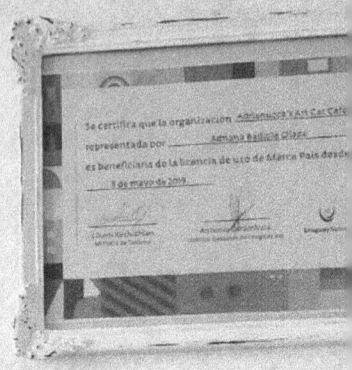

Adriana Olaza

Fundadora y directora de Adrianuzca's Cat Café.
Laboratorista en odontología.
Activista para el bienestar animal.

―――――――

: Entrevista realizada por Skype el 17 de octubre de 2019.

"Esto es un negocio para ser feliz, no para ser rica".

VOCACIÓN EN EQUILIBRIO

Como amante y defensora activa de los animales, un día visité el popular café de gatos de París, la ciudad donde vivo. Pero el lugar me decepcionó y mi visita duró solo unos segundos: el espacio olía mal y estaba lleno de gatos tristes que pasaban el día viendo circular turistas. Un año después, fui a Adrianuzca's, el primer Cat Café de Uruguay, que hizo que me reconciliara con los cafés de gatos. Este café, que Adriana Olaza fundó junto a su pareja y que funciona en la calle Gorlero de Punta del Este, impacta por muchas cosas: la decoración original y elegante, la limpieza, la dedicación del personal hacia el cuidado de los animales, los carteles que educan a los visitantes con simpatía y, sobre todo, mucha buena energía. Después supe que este sueño cumplido es también un proyecto de impacto que combina el rescate de animales con un programa regulado de adopción y de educación de la sociedad.

A lo largo de la entrevista voy conociendo a la Adriana que se esconde bajo ese fantástico e irónico sentido del humor que despliega en las redes sociales, donde escribe cotidianamente. Aparece una persona muy generosa y sensible, una luchadora que mira de frente y atraviesa el dolor. Pero hay algo más. Los proyectos que en general llegan a los medios y se visibilizan tienen como objetivo el beneficio económico. Qué gratificante e importante es escuchar la historia de un proyecto cuyo fin es brindar amor y cuidado a seres que lo necesitan.

Adriana, ¿cómo te definís?
Como una persona muy tranquila, a quien le gustan los animales desde muy chiquita, con muchos miedos e insegura de todo, pero que intenta luchar día a día contra todo eso para ser más feliz.

¿Qué hacías antes del Cat Café?
Viví en Montevideo seis años, mientras estudiaba, y trabajé de lo que podía. Me recibí de laboratorista en odontología y después volví a Maldonado. También trabajé en una galería de arte que estaba donde está ahora el Cat Café. Me ocupaba de vender los cuadros, pero era

muy difícil y a veces teníamos cero ganancias. Por muchas razones, es muy difícil vivir del arte en Uruguay. Así que el último año le hice un planteo al dueño del local, al que conozco desde que tenía ocho años. Para que no cerrara de manera definitiva y no tuviera gastos, le propuse abrir ahí el Cat Café y pagarle un alquiler. Le gustó el proyecto y decidí mantener también la galería, que ahora dividimos en dos áreas; una parte donde mantenemos el arte de alta gama, y otra donde vamos a traer artistas que venden obras a precios más accesibles, para darles difusión.

¿Seguís trabajando como laboratorista?
Sí, es mi base económica, mis ingresos. Porque el Cat Café no nos da ganancias monetarias. Nos da alguna ganancia durante la temporada de verano, pero poco. Lo que nos da es orgullo y ganas de seguir adelante por lo que se logra. Como abrimos el café al mediodía, me levanto muy temprano, trabajo en el laboratorio, me voy al café y a veces vuelvo a las diez de la noche a seguir trabajando y terminar todo. O incluso me ha pasado de llevarme trabajo al café, donde tengo un sector al fondo donde me armo mi motor y todo lo que necesito para pulir y trabajar. Trabajo de manera independiente para odontólogos que me piden servicios cada semana y me organizo a mi manera.

> **" Lo que nos da es orgullo y ganas de seguir adelante por lo que se logra ".**

¿Cómo creaste el Cat Café?
Hubo una temporada en que, con mi pareja, trabajábamos mucho; no solo en la galería sino también por las noches en una barra en un boliche. Dormíamos cuatro horas. Después de esa temporada nos fuimos de viaje a Europa: estuvimos en Dublín, París, Londres y otras ciudades. Y vimos que había Cat Cafés. No pudimos ingresar porque había que pedir hora, ya que están siempre llenos de gente. Ya conocía lo que eran por haber buscado en internet, pero era la primera vez que los veía y no entendía por qué en Uruguay no existían.

Y al volver a Uruguay decidimos hacerlo. Nos costó mucho, tanto desarrollar la idea como el pedido de apertura, porque tuvimos que hacer muchos trámites con Bromatología, Salud Pública e Higiene. Son muy burocráticos, es todo lento y se suman muchos factores que no son fáciles. Tener los permisos nos tomó más o menos un año y medio. Mientras tanto, fuimos preparando el local, pintando los bancos a mano, decorando. En un momento teníamos casi todo listo pero no sabíamos si nos iban a dar el permiso. Hasta el día de hoy vienen personas de Higiene, de la Intendencia, enojadas y no entienden qué está pasando, por qué hay animales en el café (risas). Es increíble. Además, no dan un certificado de conformidad, entonces lo tuvimos que hacer nosotros. En un plástico, guardamos un *mail* donde estos tres organismos hablaban entre ellos como comprobante de que tenemos todo en regla para cada vez que vienen. Ahora, también hemos logrado ser parte de Uruguay Natural, de Marca País, y fuimos declarados "de Interés Turístico y Cultural" en Punta del Este.

¿Qué rol tienen vos y tu pareja en el negocio?
Estamos siempre a disposición por si hay que atender, hablar con la gente, sacar dudas sobre la adopción o sobre el café. Yo estoy siempre viendo que no falte nada, sacando pedidos. Y él se ocupa sobre todo de manejar los números y de la parte operativa, de los distribuidores. Además, tiene otro trabajo a tiempo completo. Igual los dos sabemos de todo. La idea es que todos los que estamos ahí tenemos que saber de todo. Creo que la razón por la que trabajamos bien juntos es que nos llevamos muy bien en la relación y supimos desde el comienzo separar las obligaciones y saber en cuáles nos ocuparíamos mejor. Sabemos conversar y tomar decisiones juntos: yo soy muy pasional y él es muy realista. Esto nos lleva a lograr una media en cada decisión.

¿Ya tenían conocimiento sobre cómo trabajar con animales?
Desde que tenía quince años adoro a los animales. No tenía la capacidad de llevarlos a mi casa porque los padres, lógicamente, te privan de llevar animales todo el tiempo, pero de vez en cuando llegaba con algo y no pasaba nada (risas). Curiosamente, cuando era niña era superalérgica a los gatos. A los seis años tuve uno y lloré tanto porque estábamos siem-

pre juntos, pero era asmática y me daba alergia, así que me prohibieron acercarme. Desde los 18 en adelante fui rescatando animales y los iba dando, principalmente perros.

Un día, cuando cursaba la facultad en Montevideo, llegué a casa una noche fría de invierno y vi un gato chiquito en la calle. Me lo llevé, le di de comer y al otro día le compré arena. Enseguida estuve de nuevo con los ojos rojos, por el asma. Pasé un tiempo tomando remedios. Al gatito lo quería dar en adopción pero ningún adoptante me servía, así que terminó quedándose conmigo. Al día de hoy lo tiene mi mamá, porque me vine a Punta del Este y me quedé con ella un tiempo. A mi madre le hizo muy bien el gato y sacárselo era horrible porque se había encariñado demasiado y además él estaba muy bien ahí, así que lo dejé. Lo visito casi todos los días. Se llama Toto. Es blanco y negro, y de ahí sale el logo del café. Ahora tengo tres gatos adoptados.

Durante el tiempo que viví en Montevideo, también aportaba mensualmente y visitaba seguido el refugio Animales Sin Hogar, donde apadrinaba a una yegua. Cuando falleció, empecé a observar a los rescatistas más necesitados, que están solos; rescatan animales, pero su sueldo no les da ni para ellos. Así empecé a ser en mi propia casa un hogar transitorio de gatos, primero en Montevideo y después en Maldonado, hasta que abrimos el café.

" Curiosamente, cuando era niña era superalérgica a los gatos ".

¿La alergia que tenías a los gatos desapareció?
Mis alergias continúan, pero se han transformado (risas). Primero me empezó a dar alergia el sol, "me brotaba" toda. La última que empezó a ser furor en mi organismo es que me empiezan a picar los párpados superiores e inferiores. Identifiqué que es por estrés, y cada vez que estoy muy nerviosa me pasa... ¡Pero, por suerte, con los gatos no! ¡Seguro que me preguntás dentro de un mes y tengo una alergia nueva!

Aún no he visitado otros cafés de gatos como el de ustedes, con un proceso de adopción formal, una limpieza exigente, un protocolo para educar a los clientes. ¿El modelo se les ocurrió a ustedes?
Sí, lo creamos nosotros, porque aunque vemos cómo funcionan en otros países, aún no conocemos uno que trabaje así. Todo se hace pensando en el bienestar de los animales. Somos bastante estrictos con el trato con los gatos porque el público a veces abusa del servicio. Mucha gente no sabe lo que es el trato con un animal, y vienen con niños para que jueguen o ellos mismos lo hacen. Pusimos carteles, explicando, informando, poniendo las reglas. Y aunque mi pareja me decía que íbamos a parecer la casa del cartel, me pareció la mejor manera para educar. También hicimos una puerta por la que no puede pasar la gente, para que los gatos puedan entrar y salir cuando quieran hacia un patio interno donde pueden estar cómodos sin ser molestados.

Es lo mismo con las adopciones. Hay gente que los toma como muñecos, y son animales; los vas a tener por lo menos diez años. Algunas personas se enojan porque ven casi los mismos gatos de una semana a la otra, pero eso es porque aún no hemos encontrado al adoptante indicado. Si se van a una casa, tienen que estar mejor que acá. En cuanto a la adopción, lo hacemos solo con personas que viven en Maldonado, en Montevideo y en algún lugar donde tengamos alguna rescatista conocida que pueda pasar a visitar al gato y hacer un seguimiento. Y pedimos que por lo menos envíen alguna foto una vez al mes. Si la persona vive en el extranjero, le pedimos el *mail* y la contactamos con refugios de su lugar de origen, les damos opciones para la adopción.

" Todo se hace pensando en el bienestar de los animales ".

Como amantes y defensores de los animales, ¿cómo hacen para seguir adelante a pesar de las historias tristes detrás de cada gatito?
No es fácil (se pone a llorar y le toma un tiempo recuperarse). Vemos mil cosas horribles y a veces no podemos ayudar. Es imposible ayudar a todos. Te afecta porque todo el mundo te pide ayuda y a veces tenés

que decir que no. O a veces lo máximo que podemos hacer es compartir la situación del animal y ver qué se puede hacer. La suerte que tenemos es que tratamos con muchos rescatistas y alguno da una mano, como nosotros se la dimos. A veces tenemos un escape por ahí. Pero hay que respirar hondo. Cuando pasa algo triste, uno se tira muy abajo porque hay mucho tiempo para pensar. Y, por lo que he leído, el pensamiento recurrente no es bueno, así que trato de cambiar a pensamiento positivo todo lo que me dice mi cerebro, reírme de todo lo malo que me pasa. Porque esos días todo parece horrible y complicado. Me enfoco también en los familiares que se fueron. Y pienso que yo estoy acá, y entonces las otras cosas parecen pequeñas.

Al ser ustedes una referencia conocida, deben ser muy solicitados...
Todo el tiempo. De lunes a domingo nos llegan mensajes constantemente diciendo "encontré este gatito, ¿qué hago?", "atropellaron a este, ¿cómo hacemos?". A veces la gente cree que son los únicos que están pidiendo ayuda. Recibimos cinco mensajes de pedidos de ayuda por día o más, y hay que ver qué hacer. No nos lavamos las manos, respondemos todos los mensajes. Hasta el que te hace rabiar porque es negligencia de las personas, y siempre con la mejor onda, porque sabemos que peleando no vamos a hacer un cambio. A veces veo que algunos refugios estigmatizan a las personas, como que son malas, porque no hicieron tal o cual cosa, que no castraron, por ejemplo. Pero a veces es porque la gente no tiene el conocimiento adecuado. Hay gente mala, no lo voy a negar, pero una persona cuando la tratan mal, lo primero que hace es ponerse en contra. No va a aceptar y procesar lo que se le dice. Tenemos clientes que nos cuentan "tal gata vecina tuvo gatos" y les decimos de castrarla; les contamos dónde se hace de forma gratuita o las opciones más económicas. Les decimos qué hay que hacer para prevenir enfermedades. Los vamos llevando de a poco a una toma de conciencia.

¿Tienen un límite de gatos a recibir en el café?
Tuvimos que ponerlo porque el primer año mucha gente nos vino a dejar gatos y no tenía límite. Hicimos lo posible para aceptar a todos los animales y nos dimos cuenta de algo particular, que la gente abusaba;

se sacaba el problema de encima. También va con nuestro modelo de negocio: no queremos que sea una ONG, queremos que sea diferente. Para que otros negocios contemplen hacer lo mismo, ya sea para un público general, como nosotros, o para un público específico, para educar o para niños, por ejemplo.

Ahora marcamos una pauta: que los ingresos sean a través de rescatistas, refugios y organizaciones. También monitoreamos las redes de los lugares donde se dan en adopción cuando tenemos tiempo, y si vemos un caso extremo, hablamos por interno. Ahora el máximo es quince. El límite fue establecido de acuerdo al espacio que tenemos, porque con todos ellos hacemos una cuarentena, en un espacio separado del resto. Eso es para asegurarnos de que el animal está bien antes de llevarlo al sector donde está la gente, y también es el tiempo que toma para desparasitarlos y ponerlos al día con las vacunas y los controles médicos.

" También va con nuestro modelo de negocio: no queremos que sea una ONG, queremos que sea diferente. Para que otros negocios contemplen hacer lo mismo, ya sea para un público general, como nosotros, o para un público específico, para educar o para niños, por ejemplo ".

A veces tenemos muchas ideas pero no las hacemos porque nos parecen una locura. ¿Qué les hizo pasar a la acción?
Hasta ahora no sé cómo lo hacemos, solo sé que lo hacemos (risas). Siempre fue una locura; nunca sabemos cómo sigue. Hay cosas que las vamos viendo y aprendiendo día a día. Hay factores que no manejamos. Por ejemplo, al principio no sabíamos cómo se iban a comportar los gatos ni la gente, cómo íbamos a controlar que no se escapase ningún gatito. La limpieza del lugar, que no haya pelos, la fumigación y la desinfección de la alfombra. Es complicado y son muchas cosas que en un momento te asustan, porque el factor animal no lo podés manejar, y la gente menos.

Como clienta del café, le comento que todo se ve perfecto y profesional. Y que lo mismo dicen otros clientes en las redes sociales.

Con el diario del lunes, ¿qué te dirías a vos misma hace tres años, cuando empezaste?

Hay un tema con el personal. Los chicos son buenísimos, pero me pasa que yo trabajé siempre para otros. Trabajé desde mucama hasta vendiendo apartamentos, zapatillas, mil cosas en diferentes comercios. Y muchas veces me trataron muy mal siendo que yo nunca traté mal a nadie; no quería que se repitiera eso. Mi postura como dueña del lugar fue: voy a ser igual a ellos para que se sientan cómodos, para que trabajen bien. Y terminé siendo una más, demasiado compañera. Y creo que con algunas personas eso no funciona. Entonces, me aconsejaría tener un poquito más de mano dura porque a veces la gente me toma el pelo. Me diría: "Adri, no seas tan buena, que a veces no funciona". El factor humano dentro del trabajo es complicado.

¿Tuviste que despedir a alguien de tu personal?

Al momento no lo hemos hecho, y los chicos que se han ido siempre vuelven a saludarnos o a cubrir fechas especiales. La razón es porque creemos que las personas necesitan oportunidades; buscamos comunicar las molestias que puedan haber de forma respetuosa, intentando que entiendan nuestro punto de vista y nosotros también entender la situación de la otra persona. La idea con nuestro personal es ser flexibles, humanos y recíprocos.

¿Qué te enseñó de vos y de los demás este emprendimiento?

Aprendí a ser más paciente. A tratar a cierta clase de personas, que vienen al local a veces con desprecio. He aprendido a confiar más en otras personas. He madurado mucho y no ha sido fácil, teniendo tanta responsabilidad. Veo gente mala y otra que habla de más. Y me di cuenta de las personas que realmente ayudan a los animales, porque hay muchas que lo hacen solo por la exposición. He aprendido que los refugios están así por la gente, y que la gente no puede quejarse. Aún los que están peor, no es culpa del refugio, sino de que hay demasiados animales y a cada uno de ellos los tiró la gente. Hay que ver más atrás antes de culpar el manejo. Cuando la gente saca el tema de los refugios yo no los justifico, pero hay que ver por qué llegó ahí el animal. ¿Quién se lavó las manos y está en su casa tranquilo tomando mate?

Maduré emocionalmente también. Aprendí a ser un poquito más dura con algunas cosas, porque llega un punto que es un estrés. Ahora dejo el celular, porque si sigo atendiendo me voy a volver loca. Hay muchas rescatistas que no tienen ni para comer de tanto ayudar y la gente dice "¡están locas, por qué tienen tantos animales!" Por eso también me puse el límite de tener cierta cantidad de animales, por un tema de salud mental y para poder justamente preservarme y seguir con esto. Y también ahora pienso cinco veces las cosas antes de decirlas y de hacerlas.

> " He aprendido que los refugios están así por la gente, y que la gente no puede quejarse ".

¿Cuál es tu mayor fortaleza y la que te ha ayudado en este proyecto?
Muchas veces he llevado adelante muchos proyectos de otras cosas que me gustan y no he sido constante. Creo que si este proyecto sigue y he sido perseverante, es porque es algo que realmente quiero hacer y que me da mucha satisfacción.

¿Quién te inspira?
Es difícil esa pregunta. Hoy en día mi pareja, que me ha mostrado que se pueden hacer las cosas; me impulsó a hacer el café y es una de las personas que me tira para adelante. Si quiero hacer algo, él me dice: "¿Y por qué no?". Luego, de gente famosa o personas que conozco no hay una en particular, siempre aprendo algo de cada una.

¿Qué otras pasiones tenés?
Cuando tengo cinco minutos, dibujo para desestresarme. Hago cosas para mí, para el Cat Café y para nuestra cuenta en Instagram. Me fascinan la

pintura, la caricatura, los ilustradores. En mi Facebook tengo amigos dibujantes de todas partes del mundo. En mi vida es algo pendiente, que siempre tuve como *hobby*. También me gusta mucho el diseño gráfico, siempre compro cursos por internet, y todo lo que es manual: trabajar con cerámica, con masa, la pintura. Por eso también elegí el laboratorio, que es una parte de estética bucal.

A través de tus *posts* en las redes se nota tu gran sentido del humor. Lográs contar historias tristes de animales de una manera muy positiva y graciosa. Incluso la gente escribe para decírtelo.
Sí, hay que ser positivo porque uno ve tantas cosas malas que piensa que nadie lo va a querer leer. Si el gato tenía un nombre y una vida horrible, se lo cambiamos porque ahora empieza una nueva vida para él. Pero no soy tan positiva, debo decirlo. Creo que es como un escudo para que si pasan las cosas como uno piensa, no llevarla tan mal (risas). ¡Y cuando salen las cosas bien, mejor!

¿Cómo se relacionan las emprendedoras en Punta del Este?
Hay una cafetería que hace *coworking*, pero acá veo que la mujer no está bien representada. Siempre está a la sombra y no le dan el lugar como para desarrollarse, ni las herramientas. También está el pensamiento de que el único que puede tener éxito es el hombre. Tampoco se nos ve como alguien capaz de tomar decisiones. La mujer es más sensible, y al momento de las decisiones toma en cuenta también cosas más sentimentales. Es como si eso no sirviese para un proyecto o un negocio. Al hombre lo toman en cuenta para empresas muy grandes, como encargados o gerentes, y en esos cargos no hay mujeres. Y hay algo de que, cuando una va creciendo, siente que no puede llegar a emprender; como que estás limitada a trabajar para otro o a estudiar y trabajar de eso, pero no a llegar más allá. En Uruguay, la autoestima de muchas mujeres es baja; no se sienten capaces. Sí hay mujeres que resaltan, pero son pocas en comparación con otros países. Lo ves en política, algunas parecen manejadas como títeres.

¿Qué considerás necesario para que la uruguaya tenga más confianza en sí misma?
Fallar mucho, mucho, pero fallar. El miedo siempre está, pero es muy importante darse cuenta de que es una quien le pone dramatismo a lo que pasa a su alrededor. Al final del día, a nadie le importa si fallaste, entonces volvé a intentarlo con menos miedo hasta lograrlo. Mi lucha en este momento es lograr saber pedir ayuda; digamos, ser más audaz. Un ejemplo en particular es invitar a algún famoso al que le gusten los animales. Realmente lucho porque no me gusta hacer tales cosas, pero a veces es necesario para mantener algo en pie.

> **" Mi lucha en este momento es lograr saber pedir ayuda; digamos, ser más audaz ".**

¿Qué consejo le darías a una mujer que quiere hacer un emprendimiento hoy en Uruguay?
Que sepa que va a costar y no va a dormir, pero que hay que hacerlo. Tenemos una sola vida.

Es más fácil algunas veces estar trabajando para otro y cobrar un sueldo y la estabilidad que eso da. Pero condenar la estabilidad económica por la emocional creo que está bárbaro; creo que se vive mejor. Y capaz puede ser mitad y mitad, que al principio se condene la economía por la felicidad y llegue un momento en que esa felicidad te dé la capacidad de estar bien con lo económico también. Lo que te frena a veces es esa zona de confort que no te deja hacer cosas que querés. Muchas veces pasa por el dinero y vivir infeliz por tener un poquito más de él. ¿Qué tan feliz te hace dar ocho horas diarias de tu vida por ese dinero y no tener tiempo para las cosas que querés? Porque yo hoy tengo mi trabajo, soy laboratorista de odontología y tengo la actividad del café. Soy particular, sí, me tengo que esforzar un montón para pagar todas mis cuentas, pero si quiero un día digo "bueno, hoy no voy a trabajar al laboratorio, hoy necesito ir a cuidar a alguien porque está enfermo y lo quiero mucho"; y voy y lo hago. O escaparme a un cumpleaños de mi madre, o ver a mi hermana realizarse en algo. Me da tiempo. Y no estoy pendiente de "tengo ocho horas que cumplir, iré cuando termine". Me organizo, me tomo ese día y soy feliz.

También ser empleado te puede dar satisfacciones, por supuesto. Pero si es por emprender, creo que va por ahí. Primero vas a condenar un poco tu economía, pero después vas a tener algo que es tuyo. Y si no te funcionó lo hiciste igual, y vas a decir "mirá, yo tenía ganas de hacer esto y lo hice. Me salió mal pero lo hice". Me di cuenta de que las cosas no llegan, y que hay que hacer que lleguen. Yo soy mucho de no querer molestar y eso te frena. Capaz que no molestás, capaz que impulsás algo. Entonces activé eso; ahora digo "bueno, voy a molestar".

> " Me di cuenta de que las cosas no llegan,
> y que hay que hacer que lleguen ".

¿Qué es el éxito para vos?
Hace mucho tiempo atrás lo tomaba por el lado monetario y debo decir que jamás fui exitosa en ello, y las personas que vi correr tras el dinero, al día de hoy las veo infelices. Entendí que el dinero puede ser de ayuda, pero no es felicidad. Para mí el éxito es ser feliz. Feliz en lo que hago, en no perder el tiempo si quiero hacer algo, en cumplir mis objetivos y no los que la sociedad me impone, disfrutar de mi familia y el momento, no vivir en el pasado ni en el futuro porque no se disfruta el presente.

¿Ves el Cat Café como un sueño cumplido?
Por supuesto, es uno de mis sueños. Es importante para mí haberlo logrado. Fue en parte gracias a mi pareja, que fue el soporte emocional para no bajar los brazos.

¿Qué dirías a otra persona para convencerla de que abra otro Cat Café?
Primero, tiene que estar segura de querer hacerlo por amor a ellos. Habrá momentos donde tendrá que dar mucho de sí, pero saber que al final del día se logró cambiar la vida de un ser no tiene precio. En el camino se

conocerán grandes personas, clientes y adoptantes que siempre serán un apoyo emocional. Esto es un negocio para ser feliz, no para ser rica.

Si te doy una varita mágica para pedir un sueño para Uruguay, ¿qué pedirías?
Que la gente no sea tan floja esperando que los demás le den cosas, que le solucionen la vida. Que no se quejen tanto y hagan. Que se activen. Que si no les gusta el trabajo, no renieguen, que hagan su propio negocio y que emprendan. Que aprendan a hacer y no a pedir. Que sean más conscientes de que su vida es así porque quieren, que si la están viviendo de una manera no es culpa de otro.

¿Y un deseo para vos?
Es que hay tantas cosas... No por mí, sino por el resto. Que haya tanto equilibrio que no haya nadie sufriendo; nadie, ni nada (se emociona).

¿Tenés una canción que te motive?
Dressed For Success, de Roxette.

Apuntes

Vale la pena condenar la economía durante un tiempo para ganar felicidad en el día a día.

Comunicá y educá siempre desde el lado positivo.

Conocé y respetá tus límites.

Sé audaz, pedí ayuda, hacé que las cosas sucedan.

Sacá dramatismo a tus errores y aprendé de ellos.

Cambiá los pensamientos negativos recurrentes por pensamientos positivos.

El indicador de éxito de tu proyecto no siempre es el resultado financiero.

"Las personas que vi correr tras el dinero, al día de hoy las veo infelices. Entendí que el dinero puede ser de ayuda, pero no es felicidad. Para mí el éxito es ser feliz".

Adriana Olaza

Macarena Botta

Cofundadora de Brava: Agencia de Talento Femenino.
Economista. Docente. Mentora.

Entrevista realizada por Skype el 18 de mayo de 2020.

"Equidad es ayudar más a quienes parten de un lugar más vulnerable".

LA VIDA ES UNA CELEBRACIÓN

Macarena (Maca) Botta es muy conocida por los emprendedores uruguayos por haber sido la cofundadora del *coworking* Sinergia y de tantos otros proyectos. Imagino que también por su buena energía contagiosa. De todas las entrevistas que leí sobre ella investigando para este libro, recuerdo una que le hicieron para el blog Business Socialista, donde el periodista aseguraba que era "una persona que electrifica", algo que confirmo.

Hicimos la entrevista por videollamada, aunque las dos estábamos en Uruguay, al principio del COVID-19. Al empezar, Maca me contó que era la reunión esperada del día para sentarse a conversar tranquilamente, ya que se había pasado "apagando incendios". Se le había roto la computadora y había tenido otros contratiempos técnicos a los que llamó problemas "felices". También era un encuentro muy esperado por mí y tenía muchas preguntas preparadas. Maca me contó mil anécdotas que tienen que ver con su crecimiento personal y profesional y tocamos temas diversos: negocios, espiritualidad, desarrollo personal, feminismo, sexismo, viajes, ambiente de trabajo en Uruguay... Encontré una persona muy humana, generosa, sencilla, cariñosa. Una mujer que trabaja duro para cumplir sus sueños y que cree que emprender, si no es para tener un impacto positivo, es una estupidez.

Son pocas las mujeres que se atreven a contar anécdotas tan personales, y le agradezco su coraje y la confianza porque es este tipo de conversaciones auténticas las que necesitamos tener si queremos cambiar las cosas que nos molestan en nuestra sociedad. Maca es una mujer que ha decidido ser feliz y vivir libre, bajo sus propias reglas. Y por eso la aplaudo.

Macarena, ¿cómo te definís?
Siempre estoy en un proceso de reinvención. Así que aprendiz, quizás. Cuando era niña nunca tuve claro qué quería hacer "cuando fuera grande". Hoy, con 35 años, me transformé tanto y tuve tantas vidas que creo que

una sola definición no sería posible. Muchas veces tuve que aprender cosas nuevas, animarme; fracasé mil veces. El común denominador sería: reinvención, fracaso y aprendizaje.

Dijiste en una entrevista que sos economista por accidente. ¿Cómo se dio?
En realidad, es un poco la respuesta a lo anterior también (se ríe). Tuve la suerte, en eso soy agradecida, de que en mi casa la pregunta no era de si ibas a estudiar o no, sino qué ibas a estudiar. Y yo no tenía respuesta. Entonces elegí la carrera que me parecía más completa para darle el enfoque que yo quisiera. Después, con el tiempo, aprendí que una carrera es simplemente una plataforma, una primera etapa de aprendizaje sobre la que construir y que una le puede dar el enfoque que quiera. De hecho, les hablo mucho de eso a los economistas en las universidades. Pero hoy no trabajo de economista; no tengo ni idea de qué pasa con las tasas de política monetaria, ni me interesa. Lo que me gusta del economista es el *mindset* que te da, esa manera de resolver problemas. Pero podría haber sido socióloga, ingeniera o nada. Solo me presento como tal cuando necesito tener credibilidad, sobre todo cuando hay muchos hombres en la sala. Eso a veces funciona, aunque no lo creas. Para mí, soy Maca, con su historia para bien y para mal. La misma que se toma una copa de vino con sus amigas y amigos, y la que se para a dar una charla o que resuelve un problema.

> " Con el tiempo, aprendí que una carrera es simplemente una plataforma, una primera etapa de aprendizaje sobre la que construir y que una le puede dar el enfoque que quiera ".

¿Cuál fue tu primer trabajo?
Desde muy joven quise solucionar el tema del dinero, para que no fuese un problema en mi casa: animaba cumpleaños infantiles, hacía *babysitting*... En los cumpleaños fue donde me fue mejor y atribuyo a eso lo caradura que soy hoy, que me subo a cualquier escenario y me animo a hacer cosas que nunca hice. Después de que, con quince años,

animás un cumpleaños infantil disfrazada, ya no te importa más nada. También fui moza, secretaria de un congreso. Eso me ayudó a tener buen vínculo con la gente.

A los 18 años empecé a trabajar en una financiera. Conocía gente ahí porque había hecho una pasantía, pero también lo hice porque en ese momento mis papás se separaron y la situación económica cambió. Creo que esto tiene que ver con mi perspectiva de género hoy. La autonomía económica para mí era sacar algo del plato de mi mamá o de mi papá o de mi vínculo con ellos. De muy joven me di cuenta de que tener mi propio dinero, aunque fuera poco, era una manera de descomprimir otras cosas. Cuando mis padres se separaron, la economía del hogar se vio afectada. A mi mamá le pegó emocionalmente mal la separación, y tengo una hermana doce años menor. Tener mi propio dinero, dar una mano y poder bancarme mis costos, era como aliviar la conversación con mis padres. Hoy se lo recomiendo a cualquier mujer: nunca renuncies a tu autonomía económica por más pequeña que sea.

" Hoy se lo recomiendo a cualquier mujer: nunca renuncies a tu autonomía económica por más pequeña que sea ".

En tu emprendimiento más conocido, Sinergia, vendiste tu parte por diferencias de visión con los nuevos socios. ¿Cómo viviste ese proceso?
Separarse de un proyecto así nunca es fácil. Voy a tratar de ser lo más objetiva posible porque, para mí, Sinergia fue como mi bebé. Fue algo con lo que soñé, me enamoré del concepto en un momento en que me parecía irreal. Pero pasa algo con lo que tengo mucha subjetividad: yo era la única que dedicaba el cien por cien a ese trabajo, todos los días. El éxito de Sinergia no fue el espacio físico, que era divino, sino la gente, cómo conectamos a las personas y cómo lo comunicamos. Ibas y encontrabas lo que prometíamos. Queríamos agregar valor a esos emprendedores, ayudarles a concretar sus sueños, a que sus negocios funcionaran, llevarles capacitaciones, espacios de *networking*. Creo en

la colaboración y vivo desde ese lugar. "La colaboración funciona", un lema que inventé, no era un eslogan.

Además, yo tenía un problema de agencia[1] porque estaba ahí adentro viviendo con mi corazón al servicio de eso. Se transformó en mi vida, y eso no está bien. Pero esto te lo digo con el diario del lunes. Luego llegamos a un punto de inflexión. Aunque Sinergia era un éxito, nos estaba llevando mucho tiempo recuperar la inversión. Mis socios, que no estaban en la operativa y habían invertido, querían ver resultados más rápido. Esto es un problema de los *coworking* en todo el mundo. Había que crecer para diluir los costos fijos y, desde el punto de vista estratégico, yo estaba de acuerdo. El tema era cómo. Ellos querían abrir tres locales nuevos, todos al mismo tiempo, y yo sabía que eso iba a ser en detrimento de mi persona porque iba a estar en la operativa y pendiente de todo. En ese momento estuve de acuerdo con crecer, pero quería antes consolidar lo que teníamos, entender qué habíamos hecho bien. En esa conversación sobre cómo crecer, aparecieron espacios de desconfianza. Y pensé: "Maca, diversificá. Estás acá todos los días de tu vida". Fue la primera vez que pensé en eso. Creía que toda mi vida iba a ser abrir espacios de *coworking*, fundar la ciudad Sinergia, abrir *colivings* y colaborar con todo el mundo.

Al mismo tiempo, tenía un equipo increíble y con todos sigo colaborando hasta el día de hoy. Pero no les podía pagar ni a ellos ni a mí misma lo que merecían ganar y no dependía de mí. Me ponía última para que el negocio funcionara, para que estuvieran todos y todas motivados. Estaba deslumbrada con lo que logramos, y al bajarme a mitad de camino sentía que dejaba tirada a toda esa gente a la que prometí "vamos a crecer". Pero cuando aparecieron los temas de la confianza, me di cuenta de que era imposible seguir como quería. Mis socios no iban a cambiar, había cosas del negocio que no iban a cambiar y quedarme significaba ponerme última. Fue un clic. Empecé a pensar "¿y si doy un paso al costado?". Y así pasó.

---

(1) Cuando el interés del administrador, que es quien trabaja ahí, no está alineado totalmente con el interés de los accionistas, que es maximizar las utilidades de la empresa. Macarena era accionista y directora a la vez.

Hoy, volvería a hacer todo igual. Me encanta que Sinergia siga existiendo y que no tenga nada que ver con el Sinergia que soñé. Es mucho más *top*, más corporativo, más enfocado al *real estate* y está buenísimo; es como otro hijo. Hay mucha gente que me mira como diciendo "qué boluda que vendiste, ahora están por todos lados", y otros que piensan que me hice millonaria con esas acciones que vendí. ¡Obvio que no! Invertí en ladrillos que quedaron ahí. Me fui sin deudas pero pagué lo que debíamos de la obra. Ser dueña es también invertir. Corrí riesgos, puse el corazón y me quedé con la mejor parte: cumplí un sueño y la comunidad que construimos hasta el día de hoy son proyectos, amigos, nuevos aprendizajes. Ni hablemos de la visibilidad que tuve al trabajar ahí *full time*. La beca para estudiar negocios en la Universidad de Columbia me la dieron gracias a que me conocieron por Sinergia. Si no me hubiese ido, no hubiera soñado las cosas que pasaron después. Por eso me define la reinvención, porque nada es para siempre; porque me aburro, porque soy buena iniciadora o porque aparecen otras cosas. Aprendí que la plata va y viene, y que si el proyecto es bueno, aparece.

" Creo en la colaboración y vivo desde ese lugar ".

Después cofundaste y participaste de otros emprendimientos. ¿Qué aprendizaje te dejaron?

En Hydra Campus, donde hacíamos cursos para emprendedores, fui directora ejecutiva y fue trascendente por lo humano. Fue como un salvavidas para cambiar de etapa al salir de Sinergia. Los fundadores eran amigos que habían desarrollado una aplicación exitosa y también habían vendido. Que me vinieran a buscar fue como un mimo. Vi que había gente que estaba en la misma onda que yo, que ya habían saldado un sueño y estaban construyendo otros. Esa posibilidad de tener un nuevo sueño donde poner el corazón me dio contención. Ellos después armaron una *startup* en San Francisco y viven allá, pero seguimos conectados.

En Doctari, que es una plataforma de medicina virtual, soy cofundadora. Son muchos socios que me invitaron a sumarme. Yo lideré la primera etapa, le dediqué como un año y después dejé la parte operativa, aunque sigo como socia. Me di cuenta de que el mundo médico no era para mí. En este último proyecto aprendí a poner límites en el nivel personal. Ser mujer era un desafío: hubo temas con mi feminismo. Fue como un despertar. Aprendí que soy muy valiosa, pero que mi valor solamente lo puedo decidir yo. Que nunca debo desconfiar de mí misma, de mi potencial, de mi capacidad, ni dejar que otros le pongan valor ni juicio a mi trabajo. También tengo que reconocer que, en ese momento, les decía de bajar la persiana porque un emprendimiento que no despega es un agujero negro que saca dinero. Ellos siguieron invirtiendo y yo dejé de hacerlo. Y tenían razón, porque ahora el proyecto empieza a despegar. Aprendí que hay que tener paciencia porque algunos emprendimientos no despegan enseguida, y vale la pena esperarlos. En un proyecto, no es lo mismo llegar temprano o tarde al mercado. La gente no estaba preparada para tener una videoconsulta y contratar a un tercero con una aplicación. También aprendí que no importa quién sos, sino la dedicación y poner foco y trabajar. Dejé Doctari al mismo tiempo en que me separé de mi pareja y pasaron otras cosas en mi vida. Fue un momento en que toqué fondo para volver a conectarme conmigo, con la mujer que soy, a volver a quererme, a valorarme. Cayó en el momento justo de alinear lo personal con lo profesional, que para mí es la clave para que todo funcione.

> " Aprendí que soy muy valiosa, pero que mi valor solamente lo puedo decidir yo ".

Siempre decís que ser mujer es un desafío. ¿Cómo ha sido tu evolución al respecto?
Creo que, consciente o inconscientemente, estaba en una búsqueda. Hace unos años había empezado a trabajar en temas de género, pero seguía sintiendo que no hablábamos a las mujeres que hay que hablar. Quizás gente como yo antes, que piense que ser mujer no es un desafío. Antes pensaba: "Estas feministas locas, ¿qué les pasa?, ¿de qué se quejan?". Yo soy mujer y fui al colegio y a la universidad, soy economista. Y trabajo en una financiera llena de hombres, aunque hoy lo pienso y éramos todas asistentes o recepcionistas cuando entré; después eso cambió. También

fundé una empresa, y la vendí. Hasta que un día me puse los lentes de género. Y, como dice una amiga, "después que te los ponés la vida es mucho más gris". Porque no hay vuelta atrás. Me di cuenta de muchas cosas. Por ejemplo, de que en Sinergia era la única que se iba tarde, que resolvía todo, ¡por ser mujer! Mis socios se iban diciendo "que mis hijos esto", "que mi mujer me llamó"… Y yo me quedaba ahí, aceptaba ponerme en ese lugar. O cuando en otro proyecto un colega que iba a hacer un asado para la empresa en su casa me dijo: "¿Hablás con mi mujer para ver qué hay que comprar para el asado y ustedes se organizan?". Como si fuera algo lógico. Lógicamente, no era la misma mujer que soy hoy.

En realidad, sucedieron varios episodios que fueron claves en este proceso. Primero, mientras estaba en Sinergia, la embajada de Estados Unidos me seleccionó para representar a Uruguay en un programa del Departamento de Estado de mujeres líderes en sus países, We Americas. Dudé de aceptar porque pensaba que no iba a encajar. Soy re bohemia y tenía que viajar con siete mujeres de Latinoamérica durante tres semanas y con el protocolo del Departamento de Estado. El tema de qué ponerme me generaba ansiedad. Sinergia lo armé yendo en bici, con mis champions de siempre, siendo yo misma. Finalmente, viajé con una valija llena de ropa prestada, por la inseguridad que me daba no pertenecer. Y fue una experiencia increíble, conocer a esas mujeres me cambió la vida. Hasta el día de hoy somos amigas, aprendí mucho de todas y me sentí tan bien, tan linda, tan capaz. Me di cuenta de que cuando las mujeres nos juntamos se genera un empoderamiento, y mirá que la palabra la odio porque para mí es algo vertical, pero esa cosa de la sororidad. Que no hay receta, que somos todas brillantes, divinas, que nos tenemos. Sentí esa energía, esa ebullición.

Después, en 2018, me invitaron al programa Emprender en residencia, en Serbia. Te llevan y te pagan todo, pero poco porque vas *pro bono*. Con lo que me ofrecían no cubría ni mis costos fijos en Uruguay, así que tenía que poner plata para poder ir. No sabía qué hacer. Quería participar, pero pensaba que si pedía más capaz que me sacaban del programa. Por suerte, hablé de este tema con una amiga y me convenció de pedir más.

Lo hice, me duplicaron la plata y pude viajar. En Serbia lanzamos un programa de mentoría con una organización suiza que trabaja en el desarrollo económico. Y sentí esa vibración en el cuerpo de cuando ponés todo lo que sos, todo lo que aprendiste, y todo lo que tenés para dar. Pensé que eso era lo que quería hacer en el mundo y volví a Uruguay con esa consigna.

Más adelante, en Uruguay se dio otra situación que siempre recuerdo. Hice un trabajo con Maggie, Magdalena Giuria, quien es hoy mi socia en Brava. Al terminar ese trabajo y enviar la cotización, nos dijeron que era muy caro y nos ofrecieron la mitad de lo que pedíamos. Y no estábamos cobrando mucho. Así que le dije "no aceptemos". Estuvimos una hora discutiendo en el teléfono, Maggie tratando de convencerme de que aceptara, porque presentar ese trabajo nos daba visibilidad. Le dije: "Mirá, última opción. Deciles que por menos de tanto, yo no me muevo". Y aceptaron nuestra propuesta enseguida "porque era más razonable". Así que, cada vez más, empecé a darme cuenta de que mi valor dependía en cómo me paraba yo.

> " Hasta que un día me puse los lentes de género. Y, como dice una amiga, "después que te los ponés la vida es mucho más gris". Porque no hay vuelta atrás ".

Luego creaste Brava, una agencia de talento femenino que busca generar más mujeres oradoras y al mismo tiempo conectarlas con escenarios. ¿Por qué?
Al llegar del viaje a Serbia, fui como invitada a una charla de Endeavor[2] en Paysandú y, en el almuerzo, uno de los hombres comentó que en Uruguay no hay *speakers* mujeres. Me puse como loca porque él era un líder de opinión y no tenía un número para demostrar eso. Le dije que me estaba faltando el respeto a mí, que había ido a Paysandú a dar una charla gratis y me acababa de bajar de un avión después de un mes

---

(2) Organización internacional sin fines de lucro que apoya a emprendedores de alto impacto.

y medio fuera del país, y a las otras mujeres que estaban en la mesa y que iban a hablar. Y se enojó conmigo. ¿Viste cuando te quieren hacer sentir como la feminista loca?

Más adelante, en 2019, tuve una charla con mi mentor, Nelson Fraiman, y le comenté que estaba haciendo consultoría independiente y que me empecé a volver mi propio cuello de botella. Trabajaba y viajaba mucho, me iba muy bien, pero todo caía en mi espalda. Nelson me propuso una beca para participar en ECLA[3] , un programa de negocios de la Universidad de Columbia. Acepté y, como parte de ese programa, trabajé con unas chicas que hacen consultoría de género en Latinoamérica. Al terminar el proyecto, Nelson me dijo: "Maca, trabajaste muy bien, esto le ha servido a mucha gente, pero tenés que elegir una cosa y volverte la mejor en eso". Mientras estuve en Columbia, en Uruguay hubo un evento muy grande, que se llama Punta Tech. En Twitter muchas mujeres se quejaron de que los *speakers* eran casi todos hombres. Me molestó mucho. Escribí cinco tuits de odio incendiando todo y después dije: "Pará Macarena, pará de ser siempre la que incendia todo. Aprendiste que siempre estás en ese lugar y salís perdiendo". Borré todos los tuits.

En ese momento tomé una decisión. Para mí, tener el mismo trabajo toda la vida es aburrido, impensable. Tengo muchas hormigas y siento que trabajar en muchas cosas me ayuda a ser la persona que soy. Aprender, empezar y terminar, derramar en los demás proyectos lo que aprendo en cada uno. Así que decidí definirme con tres filtros: innovación y emprendimiento, género y sustentabilidad. En el área de innovación y emprendimiento, empecé un proyecto en el que estoy trabajando ahora, 1950 Labs: armar un laboratorio de innovación con el fundador de una empresa de *software*. El tema de la sustentabilidad lo trabajo desde mi impacto en todo lo que hago, porque creo que emprender o hacer cualquier cosa sin impacto es una idiotez.

---

(3) Entrepreneurship and Competitiveness in Latin America.

Pero me faltaba lo del género. A Maggie la conocí cuando me fui de Sinergia, en 2016. Ella asumió como directora el Centro de Innovación de la Universidad Católica donde yo daba clases de Innovación y Emprendimiento. Nos caímos bárbaro. Cuando volví de Columbia, nos juntamos a almorzar y nos pusimos al día sobre todo: Punta Tech, Paysandú... Nos dimos cuenta de que nadie se estaba ocupando de resolver que las mujeres estuviésemos representadas en los eventos y conferencias. Nos dijimos: "¡Esto es lo que hay que hacer!". Y nos fuimos cada una a su casa re manijeadas. Maggie me propuso que el proyecto que se llamase Brava, y me encantó. Mi única condición era salir con un prototipo, como les enseñamos a nuestros estudiantes en la universidad. A la semana de ese almuerzo, salimos con el tuit y con la web. El mismo día que lanzamos la página, *El Observador* sacó una nota sobre que habían querido entrevistar a cuatro mujeres gerentas y ninguna había querido hablar. Fue una señal del universo.

De ahí hasta ahora no puedo creer lo que pasa con Brava. Trajo gente alucinante, el nivel de impacto que tuvimos en la prensa, en las redes sociales... Recibimos mensajes de madres, de mujeres que sufrieron acoso. Me impacta la necesidad que hay de generar un espacio para conversar sobre el rol de las mujeres. Y toda la gente que me contacta para decirme que quieren ayudar. A todo esto, Maggie sigue con su trabajo a tiempo completo en la Universidad Católica y yo como gerente de Innovación de un equipo y con mis trabajos de *freelance*. Y cuando todo venía bárbaro, vino la pandemia. Lo que más me gusta es que nunca pensamos en dejarlo, sino en cómo transformarlo. Lanzamos cursos digitales para que se mantenga a flote, y la respuesta y el voto de confianza de la gente fueron enormes. ¡Hay gente que nosotras admiramos en nuestros cursos!

> **" Para mí, tener el mismo trabajo toda la vida es aburrido, impensable ".**

En Brava convergen muchas cosas que deseaba hacer; ayudar a mujeres desde mi *expertise* de armar empresas, pero también de tener visibilidad y de conectar personas. Hoy le dedicamos más tiempo del que deberíamos estratégicamente porque nos apasiona, pero lo disfrutamos. Me pasó como al empezar Sinergia, sentí esas mariposas en la panza de cuando se te alinean los propósitos de tu vida y que sentís que tenés algo para aportar. Tengo una vida que nunca me imaginé, me encanta. Creo que, después de Sinergia, me hice consciente de que puedo diseñar la vida que quiero tener, de que el mundo es chiquito, que depende de irlo a buscar y que por ser uruguaya no tengo que envidiar nada a nadie. Cuanto más yo misma soy, mejor me va y mejor me siento. No te voy a decir que es fácil ni que no tengo problemas, que a veces me explota la computadora y que hay meses que no sé cómo voy a pagar el alquiler, pero soy tan feliz que volvería a hacerlo todo igual. Que me quiten lo bailado, y si mañana me pisa un camión yo me gocé cada día de mi vida.

¿Quién es tu mentor, Nelson Fraiman?
Nelson es un uruguayo que vive en Nueva York hace muchísimos años. Lo conocí por Sinergia y tenemos muy buen vínculo, nos queremos mucho. Como ya dije, me dio la primera beca para estudiar en Columbia y se volvió una persona clave. Eso sí, por la diferencia de edad, para él la vida y el éxito no son lo mismo que para mí: mi objetivo no es ser la CEO de una compañía; mi objetivo es tener una vida que me encante.

¿Has tenido otros mentores y sos mentora de alguien?
Otros mentores si, toda la gente que me crucé en la vida que me dejó algo. Como Sylvia Chebi, una gran emprendedora uruguaya. Cuando le mandé el *mail* diciendo que me iba de Sinergia, me llamó y me dijo "no sé qué pasó y no me interesa, quiero que sepas que estoy acá para ayudarte, lo hiciste de la mejor manera, y que no te convenzan de lo contrario. Estoy acá para tomar café y hablar de otra cosa o para lo que precises". Ya la conocía y la admiraba, y desde ahí se volvió una persona decisiva para mi. Con Brava nos ayuda también. Alejandra Rossi es amiga mía y mi mentora, y me enseñó a negociar con el tema de Serbia. Federico Lavagna, mi socio de Sinergia, es mi mentor en

otras cosas. Con Alex Hobbins, mi exsocio de Sinergia, también hablo mil cosas porque me gusta su visión de la vida y de la familia. Cada uno me ayuda en una área distinta.

Yo soy mentora de pila de gente, porque siento que tanta gente me ayudó que mi manera de devolver toda esa ayuda es ayudando también. Porque una no devuelve cada favor a cada persona que le hace un favor, aunque nos gustaría. Siempre estoy abierta. Ahora hay una emprendedora que se está separando de su socia y tuvimos reuniones para ayudarla a tener esa conversación. Soy la persona a quien llama la gente cuando tiene pensado un negocio y no sabe por dónde empezar. Te diría que entre el 30 % y el 40 % de mi tiempo lo invierto en eso, y no cobro. No se me ocurre hacerlo, porque mucha gente lo hizo conmigo. Toda esa gente luego vuelve a mí y me cuenta sus progresos. Y es tanto lo que me llena que es hasta algo egoísta, porque es muy gratificante.

Por la manera en que hemos sido educadas generalmente las mujeres, para ser fuertes y autosuficientes, nos cuesta pedir ayuda. Y, sin embargo, un café o una charla pueden desbloquear una situación o incluso cambiarte la vida.
Totalmente. Y esto que decís es un enemigo que tengo, la autosuficiencia. Me cuesta horrible pedir ayuda. Siento también que a las mujeres nos enseñaron a resolver todo, a ser perfectas. Cuando volvía de Estados Unidos, me encontré con una chica en el avión que me dijo que "lo que pasa es que no tenés hijos, ¿no?". Como que si sos exitosa es porque no tenés hijos. Si tenés hijos, tenés que ser buena madre y buena ejecutiva. Pero ya no quiero trabajar más sola, ni ser autosuficiente, porque no lo soy. Y me parece que una crece y se desarrolla en la interacción con la otra y el otro.

Este problema que tenemos las mujeres también tiene que ver con el tema cultural de "no te quejes, sé ama de casa, pero además también sé lo otro". Y te miden por esa vara. Y no sos lo que hacés, otra cosa que aprendí después de irme de Sinergia. Le regalé mi vida y hoy tengo divertículos en el colon después de esos años de mucho esfuerzo, trabajo y estrés. Eso fue porque yo no me puse primera y porque además no supe pedir ayuda. Quería poder con todo y no se puede, porque por algo vivimos en sociedad. Nunca hice nada sola, pero me saqué esa imposición de no poder decir "no sé, no puedo, y necesito ayuda".

Hay que saber pedir ayuda. O tener conversaciones superauténticas y sinceras. Una vez, una de mis socias me dijo: "No vas a poder resolver las cosas como te gustaría, las vas a resolver como puedas". Y me quedó grabado. Cada vez que en Brava no tenemos plata, nos preguntamos ¿cómo lo haríamos? Así. Pero no tenemos plata. ¿Y cómo lo podemos resolver hoy con los recursos que tenemos? Así. ¿Funciona? Sí. ¿Es mejorable? Sí, pero lo hicimos como pudimos.

" Siento también que a las mujeres nos enseñaron a resolver todo, a ser perfectas ".

¿Qué cualidad personal te llevó a donde estás y cuál es hoy tu mayor desafío?
Soy buena con las personas. Encontré una manera bastante genuina para conectarme, tengo capacidad de empatía y compasión. Conocer una persona nueva es un pasaporte a una nueva aventura y voy con la misma apertura a una cita de Tinder que capaz que no pasa nada y se transforma en un cliente, que a ver un cliente que capaz se transforma en mi mejor amiga o amigo. Eso conecta todos mis mundos, el personal y el profesional. Tengo la capacidad de flexibilizarme, de ser como esas palmeras que se mueven con el viento. Hace poco me di cuenta de que no soy estructurada, yo que estuve años repitiéndome a mí misma que lo era. Hace años que dejé de serlo.

Desafíos, tengo miles, por ejemplo, ser mucho más amigable y amorosa conmigo misma. Antes te hubiera dicho algo de afuera, de salvar el mundo y estar en la primera línea. Pero hice eso pila de años y se tradujo en postergarme. Creo que el desafío que tengo hoy es ser la mejor versión de mí misma y, desde ese lugar, contribuir a que otras personas puedan hacerlo. Estar bien y ser coherente con la manera en que vivo y con lo que hago es una forma de ayudar al resto desde el ejemplo, pero también porque si yo no tengo nada, no te puedo dar nada. También he de reconocer que un desafío laboral grande es que, a veces, cuando las cosas no son como a mi me gustan, me cuesta aceptarlas.

¿Por qué más mujeres no son feministas en Uruguay, siendo que nos falta tanto para alcanzar la igualdad en distintas áreas?
En Uruguay el feminismo está muy asociado a lo político partidario, lo cual es una lástima. Es como en la política o en el fútbol, todo es blanco o negro, no hay términos medios. No terminamos de entender el feminismo como algo que tiene que ver con el bienestar de todas y todos. No es soy machista o soy feminista, como si fuese ser de Peñarol o de Nacional, de izquierda o de derecha. Y nos falta mucho apoyo de los varones. De los que hay, muchos lo usan como una herramienta de *marketing*.

Después siento que nadie arregla a las personas. Vos sos *coach*, y me parece genial que haya cada vez más. Pero a mí nadie me enseñó. Si no seguís una religión o tenés un espacio espiritual muy marcado, es muy difícil. Me costó años de trabajo personal desarrollar mi parte espiritual, hacerme preguntas del estilo cómo ser como mujer. A diseñar mi vida lo aprendí de grande. Quizás tendríamos que hablar de estos temas en el desarrollo inicial de las personas. Me gustaría que en las casas pudieran hablar de esto de ser mujer. Y que no me digan "Maca, llamame cuando llegues" porque, obviamente, si soy mujer tengo muchas más chances de que me pase algo cuando vuelvo caminando de la parada a casa.

" En Uruguay el feminismo está muy asociado a lo político partidario, lo cual es una lástima ".

Te definis como feminista. ¿Tenés que justificarte por ello?
Más de lo que me gustaría. Aunque también me doy cuenta de que empiezo a rodearme de gente como yo. A veces siento que vivo en un táper. Mi entorno de amigas y amigos cercanos están en la misma

página, pero voy a una comida y hago un comentario de algo que me parece elemental y me tildan de feminista. O tengo que explicar por qué no estoy casada, aunque soy la persona más feliz del mundo. Hay un libro, *El fin del amor*, de Tamara Tenenbaum, que habla de las mujeres que elegimos ser solteras porque nos encanta y parecería que a nivel de la sociedad es un fracaso; o no ser madre, cuando en realidad es una decisión de la que hay que ser muy consciente, y hoy hay mil maneras de ser madre o de formar una familia. Pero tengo claro que si bien ser feminista puede ser una barrera a nivel profesional, no me importa. Soy millonaria porque elijo con quién trabajo. Prefiero no trabajar y estar en casa y vender comida en la Rambla o limpiar baños o cualquier laburo, que trabajar con gente que no me gusta o con quien no comparto valores.

> " Si bien ser feminista puede ser una barrera a nivel profesional, no me importa. Soy millonaria porque elijo con quién trabajo ".

En un feminismo tradicionalmente politizado, podés ser un referente para quienes buscan otro estilo, conectar mundos y mostrar que hay grises, que ser feminista es buscar la equidad para el bien de todos.
Eso me resuena porque me siento como una persona que conecta mundos. Cuando éramos niñas, a ninguna se nos dijo que ser mujer era un desafío. Era "¿te invitó fulanito?" o "¿de qué marca son tus zapatos?". A mí me empodera ir a una cena de gala con championes y dar una charla con una remera que diga "el futuro es femenino": no me invitan porque tengo las manos hechas o el zapato tal, me invitan para escucharme. Pero me llevó pila de tiempo entender eso y dejar de sufrir ansiedad por no encajar. Ahora, me importa un cuerno.

Por eso Brava tiene que ver con mi historia. Estaba cansada de que me dijeran que no había mujeres *speakers* en Uruguay, pero también de que amigas que hacen cosas buenísimas se achicaran y lo contaran así (habla bajito), que lo hicieran a escondidas o no se creyeran lo suficiente. Eso me vuelve loca. El creer que vos podés, vale más que una capacitación de un año. Salir al mundo me ayudó en eso. Viajé mucho por trabajo, conocí mujeres de todos lados. En mi primer viaje a Estados Unidos, el de mujeres líderes, éramos 17 mujeres; en el segundo, éramos 41 mujeres de 38 países ¡casi todo el mundo! Empezaron a presentarse una por una y yo decía "estoy acá por error, qué voy a decir cuando me toque". Tenían empresas de miles de empleados y yo nada. Cuando confesé esto a algunas amigas de ese programa, a ellas les había pasado lo mismo. Es más cómo nos hablamos a nosotras mismas que lo que hacemos, porque en la vida no sos lo que hacés. Sin embargo, me considero una mujer exitosa para mi definición del éxito. Por eso odio la definición de emprendedora en serie, me pone de mal humor que me definan así porque es mentira. Un emprendedor en serie es Elon Musk; yo soy una laburante.

> " El creer que vos podés, vale más que una capacitación de un año ".

¿Cómo hacés para motivarte en momentos difíciles?

Estoy en un momento de la vida en que siento que todo pasa por algo, así que en los momentos difíciles pienso "¿por qué estoy haciendo esto?". Otra cosa que me sirve es pensar todas las cosas que sí logré que pensé que nunca iba a lograr. Por ejemplo, hace tres años que dejé de fumar. Pasó lo mismo con Sinergia, pensar "¿te acordás cuando soñabas con Sinergia trabajando de moza en un restorán haciendo temporadas?". Y Sinergia existió.

Ahora, con la pandemia, al principio puse mucho el foco en estar bien, de buen humor. Si además podía laburar, perfecto. Pero la productividad era un tema que dejé fuera. Y empecé a hacer listas y me di cuenta de que planifico mis días de manera muy exigente, por lo que nunca completaba todo el *task list* y sentía que no era suficiente. Y me dije: "pará". Empecé a hacer listas de lo que sí hacía y a darme cuenta de todas las cosas que hago de las que no soy ni consciente. Eso también me motiva. Y tener claro que el miedo es dejar algo que conocés. No podés tener miedo a algo que no sabés cómo va a ser. Eso me lo repito pila.

" Un emprendedor en serie es Elon Musk; yo soy una laburante ".

¿Qué te hace falta en este tiempo de pandemia?
La comunidad, el encontrarnos, el celebrarnos. Por ejemplo, mi hermana es inmunodeprimida y hace meses que no la veo, aunque estamos muy conectadas. También aprendí que la felicidad es una manera de vivir, una elige cómo se toma las cosas. Tenía dos opciones: deprimirme y quedarme angustiada porque no tengo un trabajo fijo, un sueldo y porque los clientes que mejor me pagaban desaparecieron; o decir "pará un poco, yo estoy mucho más entrenada que cualquiera para enfrentar esto porque para mí vivir con la incertidumbre es algo de todos los días". Yo me dedico a solucionar problemas, eso es lo que hace una emprendedora. El mundo me va a necesitar más que nunca. Y también entender que no se acaba el mundo y que capaz tengo que pedir ayuda. Para mí, en este tiempo fue clave ser luz para otros; si puedo estar bien, también puedo ayudar.

¿Qué consejo le darías hoy a una mujer profesional uruguaya?
Que nunca deje de confiar en ella, que no deje que nadie le diga hasta dónde puede llegar. Yo trabajé ocho años en una corporación, fui a la Universidad Católica, soy economista y nunca nadie me dijo que podía tener mi propia empresa. No se me ocurrió hasta que fui grande. No quiero entrar en el cliché, pero que sueñen en grande, que en la medida en que estén conectadas con ellas mismas y confíen en ellas, todo va a estar bien, todo se acomoda. A veces siento que no soñamos en grande porque no nos lo permitimos. A mí, lo que me sirvió mucho es alinear mis objetivos personales con los profesionales. Que mi vida profesional esté alineada con la Macarena a la que le gusta viajar, irse para Punta del Este el fin de semana con sus amigas y amigos, subirse a un avión

e irse a una playa remota o hacer una pausa. Diseñá la vida que quieras tener, nadie es quién para decirte qué está bien o qué está mal.

> " A mí, lo que me sirvió mucho es alinear mis objetivos personales con los profesionales ".

Durante este tiempo, se ha hablado mucho en los medios del éxito de las mujeres líderes. ¿Qué pensás de este énfasis en el liderazgo femenino?
Tener más mujeres líderes significa tener más modelos de rol y que más niñas sueñen con eso, que más mujeres se pongan esos objetivos. Y el liderazgo tiene que ser compartido, no que solo lideren mujeres o lideren hombres. Creo que la respuesta es la definición de equidad. Equidad no es dar lo mismo a todos, es ayudar más a quienes parten de un lugar más vulnerable. Las mujeres no logran ser líderes o llegar a posiciones de liderazgo en el mismo porcentaje que los hombres, y no es porque no sean capaces sino porque realmente tienen más barreras. Hay que trabajar desde la educación, desde cómo les hablamos a nuestras niñas y niños. Ahí también las madres son protagonistas. Hay que sacar lo binario del género y mirarnos como personas que tenemos derecho a ser felices, que tenemos derechos humanos, y entender de verdad que en la medida en que colaboramos y nos ponemos en lugar de las otras personas vamos a estar todos mejor. Me parece raro que si vamos por ese camino las cosas no mejoren.

Todas y todos tenemos algo para aportar a que el mundo sea un lugar mejor. En todo, en las decisiones de consumo, en cómo hablamos, cómo nos vinculamos y cómo vivimos, y me parece que no somos conscientes de ese poder. Desde nuestro lugar chiquito podemos hacer cambios gigantes. Eso estaría bueno que los niños lo tengan más claro.

> " Desde nuestro lugar chiquito podemos hacer cambios gigantes. Eso estaría bueno que los niños lo tengan más claro ".

Si te doy una varita mágica con un deseo para Uruguay y uno para vos, ¿qué pedirías?
Que disminuya la violencia doméstica. Los números de feminicidios en Uruguay son alarmantes y es cada vez peor. Para el sueño personal: que las personas puedan y sepan que tienen la posibilidad, y que realmente la tengan, de diseñar y tener la vida que quieren. Ese nivel de conciencia. Con el lente de género, de la sustentabilidad, de todo lo que realmente es importante.

¿Una canción que te llene de energía?
Extraordinary Machine, de Fiona Apple.

Apuntes

Diseñá la vida que querés tener, alineando tus objetivos personales y profesionales.

Activá redes, pedí y da ayuda.

Conocé tu valor y parate desde ese lugar.

Si te interesan muchos temas, te podés definir a través de varias especializaciones.

No sos lo que hacés.

No vas a poder resolver las cosas como te gustaría, sino como puedas.

Confiá en el poder de tu impacto individual.

"Aprendí que soy muy valiosa, pero que mi valor solamente lo puedo decidir yo. Que nunca debo desconfiar de mí misma, de mi potencial, de mi capacidad, ni dejar que otros le pongan valor ni juicio a mi trabajo".

Macarena Botta

María Noel Riccetto

Bailarina de ballet. Ganadora del Prix Benois de la Danse. Directora artística del BNS. Embajadora de Unicef.

Entrevista realizada en Montevideo el 22 de Julio de 2020.

"Siempre me decía a mí misma que el día que me llegue la oportunidad, quiero estar preparada".

LOS SUEÑOS SE TRABAJAN

Veo a María Noel como una hada urbana, tan delicada como fuerte, una mujer que posee una magia y una energía que la hacen de otro mundo, pero que al mismo tiempo se muestra terrenal y pragmática. Usa sus sueños como una visión, trabajando por ellos con paciencia sabia y poniendo todo su talento y fuerza para lograrlos.

Es la bailarina de ballet más reconocida en Uruguay, muy respetada y querida a nivel local e internacional. En 2017 ganó el Prix Benois de la Danse, que se concede en Moscú, un reconocimiento mundial después de una carrera extraordinaria como bailarina solista en el American Ballet Theatre de Nueva York y como bailarina principal en el Ballet Nacional Sodre (BNS).

Al retirarse en 2019, a sus casi 40 años, empezó una nueva vida en Uruguay. Fundó su escuela de arte, María Riccetto Studio, participa como panelista en el programa de televisión *Got Talent Uruguay*, coordina el área de ballet de la Escuela Nacional de Danza del BNS, es embajadora de Unicef y de la marca deportiva Under Armour, tiene dos perfumes y es madrina de la fundación Humaniza Josefina, que busca ofrecer una asistencia sanitaria más humanizada, sobre todo a los niños.

Auténtica y simpática, llegó a la entrevista vestida con ropa deportiva después de su clase de fisiopilates. Me cuenta que con la pandemia del COVID-19 hizo una pausa en su entrenamiento y retomó el ejercicio hace poco porque necesitaba un período de calma. Es una mujer elegante y exquisita. Habla en un tono bajo, de manera reflexiva y cariñosa. Una vez más, me sorprende que una persona tan ocupada se vea relajada. Quizás no se trate de la cantidad de cosas que hacemos, sino de la calidad de las tareas que nos ocupan y que el hacerlas con entereza y convicción nos facilita disfrutar de cada momento.

Varias personas que conocen a María Noel de cerca, me habían hablado de ella como "un ser de luz, una persona divina, con una energía especial". Después de entrevistarla puedo confirmar que sí, es una mujer entrañable, y entendí por qué es tan querida.

María, ¿cómo te definís?
Como una persona de perfil bajo, simple, honesta; eso sí, tengo un sentido del humor bastante sarcástico. Soy muy cuidadosa a la hora de decir las cosas, pero me gusta ir de frente. Trato de hablar con respeto o de usar ese sentido del humor: no te digo mucho pero te digo todo. Y trabajadora, aunque por momentos también insegura; necesito la aprobación de alguien, por ejemplo para meterme en un proyecto nuevo. Mis padres cumplían un rol muy importante en eso; todo se lo consultaba. Consulto mucho antes de hacer. Y soy rencorosa... (se ríe) Ya ves, tengo muchas palabras para definirme.

Ganaste muy joven dos becas para estudiar ballet en Estados Unidos. ¿Tus padres participaban de tus decisiones profesionales?
Un día, un profesor de la prestigiosa North Carolina School of the Arts vino a dar clases a Uruguay porque era amigo de Margaret Graham y de Tito Barbón, los directores de la Escuela Nacional de Danza, donde estudiaba. Me vio y me ofreció una beca para estudiar con ellos. Yo tenía catorce años. Unos meses antes de irme lloraba todas las noches, decía que no me quería ir, que iba a extrañar mucho. En ese momento, mis padres me dijeron de esperar, porque entendieron que no estaba preparada para ese desprendimiento. Siempre fuimos muy *familieros* los cuatro, ya que tengo una hermana menor. Cuando tenía casi 18 años, retomamos la comunicación con la universidad estadounidense, mandamos unos videos, me dieron la beca otra vez y me fui.

El padre de María era productor ganadero y su madre secretaria. María nació en Montevideo, pero vivió los primeros años de su vida en el campo, en Durazno. A los seis años, la familia regresó a Montevideo para que María empezara el colegio, y a esa edad su madre la apuntó en su primera clase de ballet en una escuela de baile de su barrio. La profesora notó su talento y propuso que la llevaran a la Escuela Nacional de Danza, donde se toma una audición y se ofrecen ocho años de aprendizaje gratuito. María fue aceptada enseguida.

Se podría decir que tus padres fueron tus primeros mentores, personas que te ayudaron a tomar decisiones importantes en tu carrera. ¿Ha habido otros?
A mi madre le fascinaba el ballet y el arte y por eso me llevó a bailar. En su época no la dejaron hacer ballet, y quizás cumplió un sueño conmigo. Siempre me acompañó y fue un pilar fundamental en mi carrera; fue la que me impulsó más desde el principio y ya tenía muy claro que mi futuro como bailarina estaba fuera. Ella sabía que yo extrañaba, ellos me extrañaban horrores también, pero el mensaje siempre fue "nosotros estamos acá, andá tranquila, estudiá, aprendé, aprovecha la oportunidad, desarrollate y volvés". Durante esos primeros años, Mónica Díaz, mi profesora desde el principio en la Escuela Nacional de Danza hasta el final, también acompañó muy de cerca mi carrera, y la considero una madre artística. Fue bailarina en el cuerpo de baile del Sodre y mano derecha de la directora de la escuela, Sara Nieto. Una mujer exquisita y despegada como artista y en la forma de gestionar también. Estuvo siempre pendiente sin empujarme de una manera tóxica.

Es decir, lo contrario a la vida del personaje principal de la película *Cisne negro* (2010), donde participaste como doble de las escenas de danza de la actriz Mila Kunis. ¿Qué te dejó esa experiencia?
No, para nada fue como en la película. La participación sucedió porque yo había bailado varias veces con Benjamin Millepied[1]. Cuando lo contrataron como coreógrafo de esa película, estábamos trabajando juntos. Él había armado un grupo de bailarines de todo el mundo, principalmente del American Ballet y del New York City Ballet, y había hecho una gira internacional con sus creaciones. Tuvimos siempre una linda relación, y cuando empezó el proyecto me dijo: "María, me da la sensación de que sos muy similar en el físico a Mila Kunis y hay varias escenas bailadas,

---

(1) Coreógrafo, bailarín y director de renombre mundial.

me encantaría proponerte que fueras a un *casting*". En él, había que pararse al lado de Mila Kunis de frente, de perfil y de espalda, y ver cuál era la más similar de físico. A Mila la había conocido en una función del American Ballet en Los Ángeles. Estaba investigando para la película, y en la cena después de la función quiso sentarse al lado de un bailarín. En la compañía siempre me elegían para conversar con la gente, porque me gusta y soy muy abierta y espontánea. Además, es parte del rol del bailarín cuando estás en ese lugar, contar sobre el mundo del ballet, sobre la compañía. Es una forma de atraer posibles donaciones. En Estados Unidos las compañías son privadas, entonces hay muchos mecenas que ponen dinero para mantener la institución y hay una parte social importante donde siempre participaba. Así que nos sentaron juntas en la mesa y estuvimos conversando largo rato. Ella es muy simpática y sencilla. Y cuando me vio en el *casting* se acordó de esa instancia. Como de las tres que hicimos la prueba yo era la más parecida físicamente, quedé seleccionada. Sus escenas son pocas, así que no grabé mucho tiempo.

Esa experiencia me hizo valorar y admirar más el trabajo de un actor, sobre todo de cine. No solo es el ensayo previo, sino la repetición constante. Ese talento de llegar al mismo punto en cada escena, sin importar las veces que lo repiten, esas horas interminables... También fue muy lindo para valorar lo que nosotros hacemos, la importancia de salir en vivo, porque es una sensación única.

Cuando dejaste de bailar y comenzabas a crear tu escuela de danza, participaste de un programa de negocios de la Universidad de Columbia en Nueva York. ¿Cómo te ayudó esa experiencia?
Fue increíble. Este programa se inició en la escuela de negocios de Columbia. El director y quien lo creó es Nelson Fraiman, que ayuda mucho a todos los uruguayos emprendedores. Es una persona muy generosa y siempre está apostando por Uruguay. Lo conocí porque su señora es amante del ballet y siempre iba a mis funciones en Nueva York. A través de la fundación ReachingU coincidimos en una gala benéfica e iniciamos una relación. Cuando inició este programa, yo estaba con la línea de ropa de ballet que tuve en Uruguay junto con mi hermana y otro socio.

Nelson me propuso hacer la inscripción porque me iba a servir mucho para mi negocio, porque yo en ese momento estaba viajando mucho y con la cabeza en el baile. Siempre seguimos en contacto. Cuando volví a Montevideo y abrí mi escuela, él estuvo allí. Le conté del negocio y me convenció de que era el momento preciso para hacer el programa ECLA[2]. Apliqué, el proyecto quedó seleccionado y fue el primero cultural dentro de un programa de negocios de ese tipo.

Lo hicimos Nacho, mi pareja y mi mano derecha en la escuela, y yo. Es un programa muy completo, donde llevás un proyecto en el que trabajás durante un año. Trabajás objetivos y trabajás con mentores, y lo que descubrí es que no importa si sos un emprendimiento pequeño o una empresa que ya hace años que está, los problemas son los mismos. Ese fue mi gran despertar, porque a una le parece que es todo distinto y es lo mismo, ganes cien pesos o millones. Fue supertranquilizador darme cuenta de que mi problemática también la tiene uno que es gigante. Y tuve la posibilidad de conocer emprendimientos de toda Latinoamérica increíbles; se formó un lindo grupo humano. Me ha ayudado un montón aplicar cosas que aprendí, tanto en el estudio como a nivel de gestión.

> " No importa si sos un emprendimiento pequeño
> o una empresa que ya hace años que está,
> los problemas son los mismos ".

¿Cuántas personas tenés a cargo en las escuelas?
En la mía tengo un equipo de cinco profesores, más las personas de administración y de limpieza. En la Escuela Nacional de Danza, son doce profesores y más de 200 alumnos.

¿Cómo es tu estilo de liderazgo?
Uso el sentido común; plantear objetivos reales y no empezar a soñar y enloquecerme, sobre todo al principio. Fue muy bueno que me dejaran

---
(2) Entrepreneurship and Competitiveness in Latin America. Es el mismo programa que realizó Macarena Botta.

cambiar el programa y renovar el equipo al entrar en la Escuela Nacional. También es una gran enseñanza estar dispuesta a escuchar. Hice toda mi carrera siempre escuchando ese *coach* que tenía adelante, ese referente, pero tomando mis propias decisiones a la hora de estar en el escenario. Me gusta mucho la horizontalidad, siempre y cuando haya un líder. Eso tiene que estar marcado y lo he dejado en claro. Entonces escucho, valoro todas las opiniones y me paro en lo que siento. Escucharme también ha sido importante.

¿Tomás decisiones basadas en la conjunción de la experiencia, el conocimiento y la intuición?
Sí, esa corazonada es muy importante. Soy una persona que consulta y escucha, que habla con muchas personas, doy entrada para que me hablen, pero al final del día elijo esa primera corazonada, teniendo en cuenta lo otro. A veces coincide. Cuando no pasa esto, voy con lo mío pero adaptando. Siempre con decisión y, al mismo tiempo, con la humildad de asumir cuándo me equivoco y hay que cambiar el rumbo. Es parte del éxito en las negociaciones también. Y creo que la mujer tiene un instinto diferente al del hombre, y si hablamos de negocios, de gestión, en toda esa frialdad que una puede imaginarse que hay, la mujer aporta una sensibilidad que abre más puertas.

¿Te acordás de la última vez que negociaste para vos?
La verdad es que no, pero al tener varias personas a mi cargo hay una constante negociación. Una negociación para mí es, por ejemplo, escuchar a alguien sabiendo que esa persona está equivocada. ¿Cómo hago para hacerle entender que quiero ir por este camino? Ese tipo de negociaciones se da todo el tiempo.

" Siempre con decisión y, al mismo tiempo, con la humildad de asumir cuándo me equivoco y hay que cambiar el rumbo. Es parte del éxito en las negociaciones también ".

¿Has sido mentora de alguien en tu carrera?
De una persona en particular, no. Quizás he sido ejemplo o referente. Creo que es la primera vez que digo que yo soy ejemplo (se ríe). Directa o indirectamente, ese fue el rol que cumplí durante mi carrera y es una gran responsabilidad. Hoy tengo mi escuela de danza; no doy clases, tengo un equipo. Tengo tantas cosas que no me da tiempo para dar clases también.

Imagino que debés ser muy perfeccionista por tu profesión. ¿Te cuesta delegar?
Sí, soy perfeccionista (se ríe mucho). Pero hay cosas que delego sin problema porque sé que no es lo mío. Las cuestiones administrativas, por ejemplo, o temas de horarios. En eso me apoyo mucho en mi mano derecha o en mi secretaria. En cambio, lo personal, el manejo de las redes sociales, por ejemplo, no lo delego. Las redes sociales me consumen un montón y va a ser el eterno problema entre mi pareja y yo. Él me dice "deja el teléfono", pero no me gustaría delegarlo. No quiero perder el ser tangible. Aunque es difícil, porque al final del día nunca encontrás otra persona que haga las cosas como tú las querés hacer. Y es el orgullo de poner tu impronta, tu marca, en cosas que son personales. Creo que también es algo de la mujer, ese instinto de poder ser sumamente multitarea. Ayer, preparando mi agenda, cuando veía la semana decía "¡pero ya no tengo vida!". Pero, al mismo tiempo, todas las cosas que tenía anotadas significaban algo para mí. Eran reuniones que se habían dado que no podía decir que no, o encuentros de los que pueden salir determinados proyectos que me atraen.

Hoy participás en un programa de televisión con un reconocimiento y una exposición masivos, distintos a los que tenías como bailarina. ¿Cómo lo vivís?
Nunca me sentí nerviosa delante de una cámara, porque creo que la gente que me ve en la tele me conoce así, soy la misma persona. La diferencia es el maquillaje, el pelo, el *look*. Hoy, por ejemplo, me estás viendo de *jogging*. Soy muy normal. Quizás es eso también lo que atrae: no hay un personaje, la manera en que le hablo a la gente es como te

estoy hablando a ti. Cuando era bailarina, me reconocía la gente del ambiente o a la que le encanta el ballet. Nunca tuve problema de saludar o sacarme la foto, siempre y cuando viniesen con cariño y con respeto. Soy muy agradecida y me enorgullece que se me reconozca por haber sido bailarina, por haberme roto el alma, haber sacrificado muchas cosas y haber dejado de lado otras.

Lo que sí me pasó al embarcarme en el programa fue el miedo a las redes sociales. A la gente que se esconde detrás de las redes para criticar. Yo estoy acostumbrada a recibir siempre mucho cariño de parte de la gente. Sobre eso hablé mucho con la producción del canal, y me prepararon para que me resbalaran ese tipo de comentarios. No me puedo quejar, porque hasta ahora he recibido siempre comentarios positivos. La exposición no me molesta; mis redes sociales las manejo yo, contesto yo. Valoro mucho a la persona que se tomó el tiempo de hacer un comentario lindo, porque tiempo es una de las cosas que yo menos tengo. Y parar dos segundos para escribirle a alguien sin conocerlo, siento que es importante y que se merece una retribución. Así que de mi parte me corresponde sentarme y responder. Es esencial tener claro que no le vas a gustar a todo el mundo. Pero saber que la gente que se acerca a ti por tener un real interés, va a empatizar contigo. Es mirar el vaso medio lleno y apoyar la cabeza en la almohada y estar tranquila con quien sos. Creo que no hay nada más lindo.

Te consagraste como una de las mejores bailarinas del mundo y ahora, con mucha ambición, empezás una nueva vida como empresaria, conductora de televisión y líder de equipos. Lo encuentro muy inspirador y un gran ejemplo. ¿Qué aprendizajes usás de tu anterior carrera y cuál creés que es tu mayor fortaleza?
Creo que es tener ese chip de ser trabajadora y no tener miedo a nada. De tener muy claro que las cosas no ocurren porque sí, porque fuiste tocada por una varita mágica. Bueno, sí una parte. La suerte es una parte muy grande de esta vida nueva y de la anterior, de estar en el momento indicado. Pero también cuenta esa preparación para afrontar ciertos desafíos y ser perseverante. La disciplina es fundamental. La tuve du-

rante toda mi vida y es algo que ahora me ayuda un montón. El tener ese orden, el criterio, ser realista. Cuando era bailarina, había determinados roles que quería hacer y no me llegaba la oportunidad y yo siempre me decía "el día que me llegue la oportunidad, quiero estar preparada". Entonces, dale, seguí trabajando. Seguí estirando el pie, seguí levantando la pierna, seguí girando, seguí saltando, seguí como puedas, pero seguí. Aunque la inspiración se achique, porque de repente esa oportunidad está casi ahí pero no llega, no te desanimes. Porque, si llega, vas a estar superpreparada. Creo que esa base de trabajo hace que cuando llegue la oportunidad puedas lanzarte y tomarla. Y la buena energía.

Vos hablaste antes de la ambición. A mí, la palabra ambición a veces me da miedo porque cuando una la escucha lo primero que piensa es todo lo negativo. Y, sin embargo, cuando se le relaciona a la palabra todo lo positivo del significado, es otra cosa. Es plantearte un objetivo, querer llegar y no parar hasta lograrlo, de la buena manera. Querer más, ¿por qué no? Me parece superinteresante decir: quiero esto, lo visualizo y voy hacia eso, rompiéndome el alma también.

> " El día que me llegue la oportunidad, quiero estar preparada". Entonces, dale, seguí trabajando. Seguí estirando el pie, seguí levantando la pierna, seguí girando, seguí saltando, seguí como puedas, pero seguí ".

¿Cuáles son tus desafíos?
Sobrevivir (se ríe mucho). Creo que el mayor desafío ahora es tener la energía para cumplir con todo lo que tengo. O repartir el tiempo. Es más el desafío personal de decir "cumplí con este objetivo que me propuse". En mi escuela, por ejemplo, es dar un buen servicio y dejar contento al cliente. Y ser realista de que en 200 alumnos puedo tener dos para entrar en un semillero para que puedan llegar al BNS. En la Escuela Nacional de Danza, el objetivo de mi gestión es que bailarines uruguayos entren al cuerpo de baile del Sodre. Todo el cambio que hice es apostando a eso. El que se cumpla a largo plazo, es un gran desafío.

También dejar que las cosas sucedan, calmar la ansiedad, es un desafío gigante. Hay cosas que esta pandemia me enseñó. Hacía años que no almorzaba en mi casa, a no ser que fuera un fin de semana: salía a las siete y cuarto de la mañana de casa y no volvía hasta las ocho de la tarde. Ahora, durante este tiempo, levantarme a las ocho y a las diez estar pensando qué iba a cocinar, era algo que hacía mucho no me pasaba. Sentarme en el sofá, mirar mi casa y decir "¡cómo me gusta!" Cosas que te pasan por al lado por el ritmo de tu vida. Para eso me armé una rutina semanal de ejercicio matinal, y me rodeo de gente que me calma y me baja, que son cables a tierra, como mi pareja, que tiene una forma de lidiar con la ansiedad muy diferente a la mía. Valora el recorrido, no el llegar; esa es una de las grandes enseñanzas que me ha dado. Él dice: "Yo no me subo al auto para llegar a un lugar, es todo el paseo". Para mí, las vacaciones empiezan cuando llego al lugar, para él cuando subimos al auto. Y siempre me recuerda "largá el teléfono María Noel, no sos médico, no es una emergencia, está acá, ahora". Quizás ya tendría que haber aprendido; hace ocho años que estamos juntos.

Por eso es importante tratar de desconectar. He aprendido a ponerme límites, a pensar que estoy disfrutando un montón, estoy encantada con lo que estoy haciendo, pero el sábado y el domingo quiero tenerlos para mí y para mi pareja y mis amigos. Pensar que no hay nada que no pueda solucionar el lunes. Me llegan a veces mensajes de trabajo y respondo que no puedo en ese momento, que voy a responder más tarde, después de andar en bicicleta con Nacho. No todo tiene que ser una preocupación y una locura.

" Valora el recorrido, no el llegar; esa es una de las grandes enseñanzas que me ha dado ".

Viviste quince años en Nueva York, con un pie allá y otro en Uruguay según tus palabras. Has dicho en entrevistas que te pesan las distancias. ¿Qué dirías a quienes hoy viven en el extranjero con la indecisión de volver a su país?
Recomiendo que los dos pies estén en un mismo lugar. Estar con un pie en cada lado, siempre extrañando algo, no es sano. Yo estuve esos

quince años así, sintiéndome muy presente en los dos lugares, pero estando en uno añoraba el otro, y viceversa. Llegó un momento en que no pude más. La vuelta se dio en un momento de mi vida en que necesitaba estabilizarme en lo personal, estar cerca de mi familia, que había tenido muy lejos. Mi mamá había fallecido; mi hermana estaba embarazada y yo no me imaginaba estar lejos durante el nacimiento de mi sobrina. En lo laboral se dio todo para que volviera, con un planteo de Julio Bocca con una oferta de trabajo muy concreta. Así que volví de la misma forma que me fui. Cuando me fui era me voy por un año y veo. Cuando volví, también.

En el momento en que puse los dos pies en el mismo lugar, me dije "ya está". Hoy no extraño nada de allá. Quizás la cantidad de opciones de Nueva York, pero esas cosas las lleno con otras que allá no tenía. Si hubiera querido volver, hubiera podido. Pero encontré un lugar divino acá, ese reconocimiento de la gente que fue muy especial y después el reencuentro familiar. Mi situación fue diferente, y siempre lo digo, porque me fui porque quise. No me fui por la crisis o porque me fue mal acá, sino porque tuve la oportunidad y para tener una experiencia que era puntual, una beca de un año y me volvía. Después se fueron dando una serie de hechos que hicieron que me quedara: estaba viviendo en uno de los mejores lugares que podía estar, Nueva York, una ciudad increíble con un abanico de posibilidades tremendo. Pero, si estás necesitada de familia, de amigos, esa parte emocional hay que escucharla siempre y en mi caso tuvo un peso gigante. Y siempre una se puede poner un período de prueba, y si no funciona se vuelve a donde una estaba.

Mirando hacia atrás, ¿hay algo en tu vida que hubieras hecho diferente?
Ay, hubiera llorado mucho menos, hubiera gastado en teléfono mucho menos (se ríe). Si hubiera sabido que iba a terminar acá, que iba a estar con mi familia, que iba a disfrutar de ese éxito en mi carrera de esta manera, no me hubiera preocupado tanto sobre qué voy a hacer, qué va a pasar y "si volveré algún día". Hubiera habido menos drama en mi vida en ese aspecto.

¿Qué recomendarías a una madre de una hija o un hijo que quiere ser bailarín?
Que le acompañe, porque ese soporte familiar en la carrera de un bailarín es fundamental. No quiere decir que no se pueda hacer de otra manera, pero yo que tuve ese pilar, sé cuán importante es. Y que estén abiertas a la idea de que puede ser una carrera, no es un *hobby* solamente. El tener esa mentalidad creo que ayudaría muchísimo.

Sos una mujer que habla en público y en diversos medios de comunicación. ¿Qué dirías a otras mujeres, en relación a exponerse para hacer escuchar su voz y sus opiniones?
Siempre tuve mucha confianza en mi voz, y quizás eso viene de la manera en que me educaron. Si sos real y creés fielmente en lo que estás diciendo, no tengas miedo de decir lo que pensás, siempre que lo hagas desde el respeto. Va a haber gente que te respete y te escuche, y va a haber otra que se va a ir. Pero no te quedes con las ganas de decir lo que tengas para decir. Y opiná con fundamento. Por eso la formación es tan importante, académica o familiar.

Yo no terminé el liceo y es algo que me queda acá (se toca la frente) y no sé cuándo, pero lo voy a terminar en algún momento. Me quedó pendiente porque en mi casa me dijeron: "Seguís con el ballet, pero siempre y cuando estudies". Soy consciente de que todo lo que hice me enriqueció de una manera que quizás no hubiera obtenido en una clase, pero para mis padres siempre fue sumamente importante. Se rompieron el alma para pagarme la educación, que fuera al colegio todos los días y que fuese a colegio privado, entonces lo valoro mucho. Lo dije en una entrevista antes de dejar de bailar, y tiempo después me llamaron del Instituto Crandon para que fuera a visitarlos porque el director quería hablar conmigo. Me ofrecieron una beca completa para hacer el bachillerato para adultos. Me encantó. Tenía todo pronto, pero después surgió lo del programa de televisión, y después la coordinación académica en la Escuela Nacional. Pero lo quiero hacer. Yo siempre fui buena estudiante, di todos los años del liceo libres y terminarlo me quedó pendiente. Por eso valoro pila la gente que se recibe de grande también, que hizo ese esfuerzo, con perseverancia.

La importancia del estudio es algo que hablo mucho con las nuevas generaciones. Me quedó grabada una conversación que tuve con mi exdirector del American Ballet, que me dijo: "Estoy impresionado con las nuevas generaciones, cómo vuelven al colegio, a estudiar. En mi época, dejabas de bailar, colgabas las zapatillas y ahí te quedabas descalzo, porque no habías terminado los estudios antes. ¿Qué voy a hacer ahora? O doy clases, o hago coreografías. Era imposible pensar en que un bailarín, después de terminar su carrera, podía ser médico o abogado". Y lo vi cuando estaba en la compañía: las nuevas generaciones estudiaban. A su manera, con los tiempos que podían, pero estudiaban. Es más, el American Ballet tenía convenio con una o dos universidades en donde te proponían materias que estuvieran alineadas a los horarios que tenías. Me parecía brutal.

> " Si sos real y creés fielmente en lo que estás diciendo, no tengas miedo de decir lo que pensás, siempre que lo hagas desde el respeto ".

Esta vida tan rica que has tenido, ¿qué te enseñó de vos y de los demás?
Aprendí lo que produjo el haberme rodeado de gente que me quiere. Siempre estuve muy acompañada por gente que quiso lo mejor para mí. Ya sea a nivel familiar o de amigos, son cables a tierra en lo personal y en lo profesional. Me enseñó a valorar a estas personas y a darme cuenta de que por más que hice una carrera muy individual, siempre estuve rodeada. Una siempre necesita de otras personas, para todo.

La vida también me enseñó a ser agradecida. Reconozco que mucho lo he hecho por mérito propio, estando acompañada o no, a base de esfuerzo y sacrificio, dejando de lado cosas. Pero fueron mis elecciones. Y a no dar por sentadas las cosas, estar preparada y saber escuchar. Mi hermana, que es instructora de yoga y educadora inicial, y que es muy despegada espiritualmente, siempre dice que "la vida es perfecta: estés en el lugar que estés, siempre las cosas pasan por algo".

" Una siempre necesita de otras personas, para todo ".

Si tuvieras una varita mágica con dos deseos, uno para Uruguay y uno para vos, ¿qué pedirías?
Para mí, sería que no existiera la muerte, el poder vivir así *forever* y hacer millones de cosas, y que todos mis seres queridos me acompañen siempre; sería maravilloso. Para Uruguay, varias cosas. Me encantaría que fuera del primer mundo, lo cual tendría que ser posible. Somos un país chico, somos pocos, estamos en un lugar geográficamente maravilloso, lejos de todo pero cerca del mar. Tenemos educación gratis, salud gratis… ¿Cómo es que no funciona? Mi sueño sería hacer desaparecer la mediocridad para llegar a ser del primer mundo.

¿Recordás alguna canción que te llene de energía?
Me encanta todo de Muse. Por ejemplo, *Survival*. Es lo máximo.

Apuntes

Preparate para esa oportunidad que tanto deseás.

Formate para poder expresarte bien y poder argumentar con fundamentos.

Tus habilidades, experiencias y conocimientos te servirán para nuevas actividades.

Conocete, escuchate, confiá en tu intuición.

Delegá sin que tu marca pierda tu identidad.

Valorá el recorrido, no solo el llegar.

Rodeate de personas que te hacen bien.

" Si sos real y creés fielmente en lo que estás diciendo, no tengas miedo de decir lo que pensás, siempre que lo hagas desde el respeto. Y opiná con fundamento. Por eso la formación es tan importante, académica o familiar ".

María Noel Riccetto

Beatriz Argimón

Vicepresidenta de la República Oriental del Uruguay.

Entrevista realizada en Montevideo el 24 de julio de 2020.

"La forma de ser de las mujeres es lo que nos va a permitir construir sociedades no partidas".

ABRIENDO CAMINOS

La política Beatriz Argimón, escribana pública de formación, pertenece al Partido Nacional. En las elecciones presidenciales de 2019, como compañera de fórmula de Luis Lacalle Pou, se convirtió en la primera mujer electa Vicepresidenta de la República.

Hablar con ella fue un honor, y tengo un recuerdo vívido de la emoción que sentí cuando aceptó realizar esta entrevista, así como del día en que llegué al Palacio Legislativo en Montevideo para nuestra cita. Ese palacio de mármol, solemne e intimidante, no parece albergar oficinas. Para llegar desde la entrada que da a la calle hasta la oficina de Vicepresidencia, hay que subir una enorme escalinata exterior y otra escalera interior, pedir indicaciones, atravesar salones y puertas y sentirse extraña y chiquita en salones de techos altos. Durante el tiempo en el que esperaba que me recibiese, no pude evitar hacer un paralelismo entre la localización de su oficina y el intrincado camino para llegar a ella, y reflexioné sobre todos los desafíos y obstáculos que Beatriz habrá superado desde que, a los 17 años, empezó a militar para el Partido Blanco hasta el día de hoy, en un ambiente tradicional y masculino como es el de la política uruguaya.

Beatriz me recibió en su oficina con una sonrisa, y me sentí orgullosa de verla ocupar ese lugar tan simbólico e importante. Conversamos en los sofás del *living* de su despacho, desde donde se ven, a la derecha de su escritorio, las banderas patrias y un gran ventanal. Es el espacio luminoso y elegante que le corresponde. Inició la entrevista yendo al grano, y a lo largo de nuestra charla vi una persona real, con los pies en la tierra y una fuerte voluntad de abrir puertas a otras mujeres para que sigan con éxito carreras en la política, pero también como emprendedoras o profesionales.

Al terminar de transcribir la entrevista se me ocurrieron otras preguntas en las que hubiera querido ahondar, pero sentí que Beatriz es de esas personas que hay que ir descubriendo poco a poco y con quien es importante ganarse primero la confianza.

Beatriz, sos una mujer que no necesita presentación en Uruguay. ¿Cómo te definís?
Como una mujer comprometida y trabajadora. Comprometida con los temas en los que me involucro, y también con el compromiso de abrir espacios para las mujeres que vienen.

¿Hay algo de ti que no esté en los medios y que te gustaría que se sepa?
Me parece que el gran tema es que una proyecta una imagen que siempre es incompleta. Porque, en realidad, el conocimiento auténtico de una persona se da con un trato mucho más familiar, social, de lo que pueden ser puntuales entrevistas o apariciones en medios, o cada cinco años en campañas electorales. Me gustaría que se me conociera mucho más en lo personal que en lo profesional, pero asumo que es así. Además, en los tiempos de las redes sociales hay un submundo que por momentos puede acercarte pero que, por otra parte, puede no ser tan auténtico.

Dijiste en una entrevista que uno de tus valores es la autenticidad y que intentás transmitirlo a tus hijos. ¿Cómo lográs ser auténtica a lo largo de tu carrera política?
Sé lo que es tener hoy responsabilidad y mañana no tenerla. Y trato de no perder mi esencia. Los cargos van y vienen, las responsabilidades políticas dependen de múltiples aspectos, pero yo tengo que ser fiel a mi esencia, y es un tema que tengo que tener presente en el momento de estar en discusiones y tomar decisiones. He tenido costos a lo largo de estos años, y cuando asumí la vicepresidencia sabía que era un cargo de mucha responsabilidad, compromiso y visualización. Trae aparejado también saber que sos el objetivo, que estás muy expuesta, y que por ser la primera mujer elegida siempre es más fácil mirarte con muchas más exigencias que a un varón; pero forma parte de lo que me ha tocado y si quiero abrir espacios esto es lo que tengo que hacer.

> " Los cargos van y vienen (...)
> pero yo tengo que ser fiel a mi esencia ".

¿Algún día sentiste que adoptabas un estilo masculino para adaptarte al sistema?
No, al revés: hice cuestión de mi femineidad para avanzar. Transité el camino contrario. Creo que justamente la diferencia está en cuando no te masculinizás y empezás a ser la mujer que sos dentro del sistema; es ahí cuando llega el cambio.

En toda tu carrera profesional has desarrollado una buena relación con mujeres de todos los partidos políticos. Es una generación que se ha apoyado y acompañado mucho. ¿Se dan ese tipo de alianzas entre mujeres de distintos partidos en este momento?
Me parece que se dio que éramos mujeres muy comprometidas, con una agenda para las mujeres, que teníamos afinidades personales y que coincidimos en un momento histórico del Parlamento, entonces se hizo mucho más visible. Como nos conocíamos, teníamos capacidad negociadora y teníamos trayectoria en los partidos, se generó un episodio importante en la vida del Parlamento que mostró una forma diferente de hacer política. En ese momento se instaló un estilo que no era nada frecuente: mujeres que se reunían y que negociaban la agenda por encima de las agendas de los partidos, lo cual chocó mucho, fue rupturista. La gente se adhirió y empezó a sentirse dentro del esquema político. También tuvimos nuestros detractores, como corresponde, claro.

Después, con el tiempo, no fue lo mismo. Además, la gran mayoría de nosotras estuvimos alejadas del Parlamento, y cada legislatura difiere. Igual me parece que hay temas comunes donde las mujeres todavía sentimos que podemos empujar juntas. Hoy, todo esto evolucionó porque ha habido también una agenda internacional. Ocurrió el avance de las mujeres, y empezó a estar mal visto estar en contra de lo que las mujeres proponíamos o de la forma que teníamos de hacer política, desde pedir horarios diferentes hasta hablar de forma mucho más respetuosa.

¿Tuviste mentoras durante tu carrera profesional y has sido mentora de otras mujeres?
Lamentablemente, no tuve mentoras porque en la época en que empecé

a militar éramos muy poquitas y fui construyendo una personalidad política basándome en mi vocación, mucho trabajo y tener claro lo que quería. Pero sí he sido mentora, y lo sigo siendo, de varias chicas. No son mentorías formales, sino que es un apoyo que se da de manera espontánea, animando a mujeres en todo lo que emprenden, especialmente en política; a que se animen a estar, a participar, a reclamar lo que les corresponde en el lugar que estén. Fuera de la política, también acompaño a emprendedores y especialmente a diseñadores. Siempre trato de incentivar su trabajo, ya sea invitándolos a eventos destinados a ese tema, visitando cuando me invitan, estando presente desde la política, generando redes o dándoles visibilidad.

> " Fui construyendo una personalidad política basándome en mi vocación, mucho trabajo y tener claro lo que quería ".

¿Qué cualidad creés que te llevó al lugar que ocupás hoy?
Me parece que la combinación de convicción y constancia. La convicción, porque estaba segura de que por los temas que a mí me importaban, que tienen que ver con temas sociales predominantemente, tenía que estar donde se manejaban las decisiones políticas. Y mucha constancia porque esto tiene sinsabores, mucha lucha permanente. Sentí que uno de los temas que iba a tener que priorizar precisamente era el perdurar en el trabajo sostenido y no desanimarme si las cosas no salían tal cual lo tenía proyectado.

También, una vocación bien marcada. Era hasta como un mandato el tener que trabajar en cuestiones en las que creo y que no estaban en la agenda política con el peso que debían. Y el compromiso con que haya mujeres en los lugares de decisión me ha motivado mucho, especialmente en los últimos tiempos.

En los últimos meses, durante la pandemia, se ha hablado mucho del liderazgo femenino empático y exitoso que encarnan mujeres como Jacinda Ardern, la primera ministra de Nueva Zelanda. En

la política uruguaya hoy, ¿este tipo de liderazgo se aprecia?
Se aprecia y se observa, pero todavía me parece que no es tan determinante en el momento de decidir "por esto acompaño a este candidato o a esta candidata". Pero sí se valora ese estilo aún más en este momento, en que hay situaciones que llevan a la polarización de las sociedades, que en lo personal no acompaño en absoluto. Me parece un penoso camino a transitar esa agudización de la separación que lleva incluso a situaciones de violencia. Es importante que entendamos que no es todo blanco y negro, sino que hay necesidad de acercarnos, y en los últimos años se empieza a percibir eso de los nuevos liderazgos.

> " Y el compromiso con que haya mujeres en los lugares de decisión me ha motivado mucho, especialmente en los últimos tiempos ".

Uno de los motivos por el que fuiste elegida como candidata a la vicepresidencia fue justamente tu gran capacidad de negociación. ¿Cuál es tu estilo como negociadora?
Trato de desarrollar la paciencia asumiendo que no siempre mi posición es la que vale, y que tengo que escuchar todo antes de tomar posición o de decidir qué decir. Mi estilo es de mucho diálogo y de mucha negociación; esa es la prioridad. Independientemente de que tengo mis convicciones y las peleo con firmeza, siempre el diálogo es lo primero. Creo que tiene que ver también con la capacidad de ser componedoras que tenemos las mujeres, y en política eso es un valor.

¿Quiénes son tus referentes y las personas que te inspiran?
Siempre digo que cuando tengo que pensar por qué vengo como matrizada en algunos temas, creo que tuve una gran influencia de mis abuelas materna y paterna. Fueron mujeres que me marcaron. Después fui siguiendo distintos personajes y liderazgos femeninos, tratando de observar a mujeres como Hillary Clinton, Michelle Obama, Angela Merkel y los nuevos liderazgos femeninos en países nórdicos, por ejemplo. Ese es precisamente el estilo que vamos desarrollando todas las mujeres que

queremos estar en esto, con diferencias de contextos. Me inspira que en distintos lugares del planeta empecemos a marcar una fuerte presencia.

En relación al feminismo, tu mirada es pragmática. Has expresado que las mujeres no deben actuar desde el lugar de víctimas, sino desde un lugar de poder, enfocándose en el cambio que quieren realizar y en los desafíos que tienen por delante. Sin violencia ni radicalización. ¿Qué te hizo reconocerte como feminista?
Soy hija de un matrimonio tradicional, con roles bien separados de papá y mamá. Pero también soy el resultado de un tiempo donde las mujeres apostaban a tener un desarrollo personal y profesional; y mi objetivo fue poder hacer lo que quería hacer. Sobre ser feminista, me di cuenta con el tiempo. Cuando vi que realmente me importaba trasladar el tema de la igualdad en mi agenda, en miradas sobre la sociedad. Y siempre lo hago desde el lado del auténtico ejercicio de mis derechos. Nunca vi a los varones como quienes obstaculizan, como adversarios, sino que lo hago desde la perspectiva de pelear por nuestros derechos, manifestándonos pacíficamente en el rol que cualquiera de nosotras cumplimos en la sociedad, ya sea educando a nuestros hijos, en nuestra familia, en nuestro entorno, en nuestra profesión.

> **" Y siempre lo hago desde el lado del auténtico ejercicio de mis derechos "**.

Cuando tuviste a tu primera hija, a los 25 años, contaste que te facilitó tu equilibrio personal y profesional el hecho de que en el lugar donde trabajabas, Obras Sanitarias del Estado, hubiese una guardería. Para que haya más mujeres en lugares de decisión, ¿por qué no hay más empresas con guarderías para solucionar el desafío de equilibrar la vida personal y la profesional que enfrentan hoy tantas mujeres? ¿Esto debería surgir de una iniciativa política, privada o de ambas?
Se está avanzando en el tema de los estímulos, o de que las empresas ayuden a que se pague una guardería. Pienso que es el gran tema que

como país tenemos que enfrentar. Porque, hoy, las mujeres más jóvenes postergan su maternidad porque quieren desarrollar sus proyectos profesionales, se observa fuertemente esta decisión especialmente entre las mujeres más formadas, o a veces dejan de trabajar porque se quedan con sus hijos y cuando regresan al mercado laboral no pueden recuperar desde el punto de vista económico su salario o su proyección. Esto además incide en el momento de su retiro. La no penalización de la maternidad es un tema a considerar en una agenda pública, especialmente en un país con una baja tasa de natalidad como el nuestro.

Este es un concepto que todavía hay que desarrollar, y que las mujeres tenemos que empezar a plantear fuertemente. Especialmente las que ya podemos alzar nuestras voces mirando en perspectiva y ver lo que nos están diciendo las nuevas generaciones. Si las mujeres aportamos al PBI, si tenemos derecho a desarrollarnos profesionalmente, lo cual además obviamente repercute en la calidad de vida entre otras cosas de nuestra familia, hay que ayudar a esa célula básica que, como dice la Constitución, es la familia, y hay que tener miradas específicas. Por eso siempre recuerdo que pude trabajar y estudiar porque iba a trabajar con mi hijita, la dejaba en la guardería, trabajaba, me iba a casa con ella y después que se dormía, estudiaba. Fue fundamental ese aspecto complementario de cuidados, fue algo valiosísimo.

" La no penalización de la maternidad es un tema a considerar en una agenda pública, especialmente en un país con una baja tasa de natalidad como el nuestro ".

En paralelo a tu carrera política, fuiste panelista de un programa de televisión, actuaste en una obra de teatro y escribiste tres libros. ¿Qué aprendizaje te dejaron esas experiencias tan variadas?
La experiencia de mi pasaje por la televisión fue buena porque no era tiempo de redes sociales, y yo sentía que aquí en el Parlamento no todo el mundo sabía en lo que trabajábamos o lo que yo pensaba en relación a diversos temas. Se abrió un panorama diferente. En los casi tres años

que participé como panelista del programa televisivo *Esta boca es mía* estaba con gente distinta, se ponían los temas del día a día y discutíamos. La verdad, no todos veían bien que fuera a la televisión todos los días porque no es común, pero yo sentía que formaba parte de ese intercambio con la gente, que me conoció mucho más y que me hizo bien.

En cuanto a los libros, por ejemplo sobre *Sin pedir permiso*[1], al día de hoy voy por el país y aparecen mujeres que se acuerdan de cosas que conté en ellos. Ahí es cuando digo "vale, valió la pena". Siguen lo que traté de contar, que no era ni más ni menos que la cantidad de mujeres que contribuyeron a la democracia uruguaya, a la democracia del Partido Nacional, y que, sin embargo, la historia no considera. Y fueron auténticos motores de un partido histórico como el nuestro, uno de los más viejos del mundo. Saber que contribuí a que se las recuerde, para mí es una satisfacción.

Con el diario del lunes, mirando hacia atrás en tu vida, ¿hay algo que harías distinto?
Creo que no. Porque aprendí también de errores y de momentos difíciles. Claro que cuando estás pasando ese momento te cuestionás, pero, en perspectiva, de esos malos momentos aprendí mucho. Así que los errores los veo como aprendizajes. Aunque sí que quizás en algún momento me falló la capacidad política de negociar con el líder. Ese es uno de los aspectos donde las mujeres más tenemos que trabajar: aprender a negociar.

> **" Ese es uno de los aspectos donde las mujeres más tenemos que trabajar: aprender a negociar "."**

---

(1) *Sin pedir permiso: la vida política de las mujeres nacionalistas*, reseña la vida política de mujeres destacadas vinculadas a la historia del Partido Nacional.

¿Ser vicepresidenta fue en algún momento un objetivo en tu carrera política?
No, nunca me lo había planteado. Es más, en la última elección tenía previsto poder ser senadora, y ya después retirarme porque soy de las que creen que hay que dejar paso a las nuevas generaciones y no eternizarnos en los cargos. Pero la coyuntura histórica hizo que pasara esto.

¿Qué aconsejarías a una mujer uruguaya que quiere trabajar en política? ¿Hay una edad indispensable para empezar?
Que no afloje, que si está convencida, siga. La perseverancia es un valor en la política. En cuanto a la edad, depende de cada una y de los contextos históricos. Creo que no hay una edad más adecuada. Obviamente, si querés involucrarte y que sea parte de tu vida, cuanto más joven mejor. Porque podés ver el Estado y la sociedad en distintas épocas y desde distintos lugares. Pero no, no hay edad. Luego, creo que uno de los problemas que tienen las mujeres en el momento de avanzar a ocupar lugares de decisión, y no solamente en la política, es determinar si están dispuestas a soportar las críticas, a soportar estrategias para hacerlas trastabillar o que salgan del sistema. Si la respuesta es sí, entonces adelante.

¿Qué es el éxito hoy para ti?
Estar bien con una misma. Al pasar raya, saber que diste todo lo tuyo y que estás satisfecha. Aunque no hayas logrado todo lo que te planteaste, pero que diste todo y estás conforme.

La razón de ser de este libro es inspirar a muchas mujeres uruguayas a que vayan lejos en su ambición, a que sueñen en grande y pongan todo para conseguir lo que deseen. ¿Qué les dirías?
Creo que todo lo que una mujer se plantee lo puede hacer. Las mujeres tenemos un potencial impresionante, y muchas veces en el momento de querer soñar lo cultural pesa mucho. Tengo mucha fe en las mujeres en el siglo XXI. Este siglo nos convoca a soñar en grande y a trabajar en consecuencia. Como dice la máxima, tener mujeres educadas es tener una sociedad educada. La forma de ser de las mujeres es lo que nos va a permitir construir sociedades no partidas. Las mujeres tenemos

una gran capacidad de reciclarnos, mayor que los hombres: ese es un mensaje muy fuerte que vamos a dar a las nuevas generaciones, que hay cosas que no pasan solamente por la tecnología. Esa va a ser gran parte de nuestro aporte.

> " Las mujeres tenemos un potencial impresionante, y muchas veces en el momento de querer soñar lo cultural pesa mucho ".

Si te doy una varita mágica para que pidas dos deseos, uno para Uruguay y otro para ti, ¿cuáles serían?
Para Uruguay, que se terminen las inequidades sociales. Para mí, ver concretado el avance de las mujeres en el sistema político uruguayo.

¿Una canción que te motive?
Cualquiera de Queen.

Apuntes

Avanzá desarrollando tu propio estilo de liderazgo.

Aprendé a negociar.

Se una líder componedora.

No esperes que te den el lugar que querés ocupar, pedilo.

Cada vez que esté en tus manos,
abrí puertas a otras mujeres.

Para cambiar una sociedad hay que ocupar
los lugares de toma de decisiones.

La unión hace la fuerza.

Manifestemos los cambios que necesitamos
para vivir y trabajar mejor.

"Hice cuestión de mi femineidad para avanzar. Creo que justamente la diferencia está en cuando no te masculinizás y empezás a ser la mujer que sos dentro del sistema; es ahí cuando llega el cambio".

Beatriz Argimón

CONCLUSIÓN

Fue difícil decidir cuándo terminar el libro, y me hubiera gustado entrevistar a muchas mujeres más. Entonces recordé lo que un editor me dijo: "Un libro es como una pintura, puede seguir evolucionando indefinidamente, sos vos la que tiene que decidir cuándo se acaba". Así que, cuando entendí que tenía en mis manos un material valioso, decidí compartirlo.

Mi experiencia al hacer las entrevistas fue muy enriquecedora. Todas las mujeres que participan en este libro me respondieron y aceptaron enseguida ser parte de él, y fueron amables, generosas y pacientes con mi falta de experiencia como periodista. Me honró la confianza que depositaron en mí y me hizo sentir, una vez más, orgullosa de mi país y del valor humano de su gente. Fue maravilloso conocerlas y cada una me permitió aprender de sus experiencias, de su visión de la vida e industria. De hecho, al releer nuestras conversaciones vuelvo a inspirarme, a recordar conceptos valiosos, y me prometo tenerlas siempre a mano. Me llena de optimismo ver cómo las personas se suman al estar unidas por valores y objetivos comunes, en este caso para presentar referentes positivos a nuestra propia generación y a las generaciones que vienen.

Si hablo de referentes es porque estas mujeres son una manera de presentar todas las posibilidades. Conocer a alguien que está en el lugar donde queremos estar nos permite inspirarnos, tener el deseo de emular a esas personas e informarnos de cómo hacerlo. Porque, ¿cómo ser lo que no se sabe que existe?

Aún nos queda mucho por tener un mundo igualitario. Pero si cada persona aporta su grano de arena para abrir puertas a otras mujeres para su desarrollo personal y profesional, el cambio llegará más rápido. En Uruguay se realizan proyectos que no tienen nada que envidiar a los que se desarrollan en otros países llamados tradicionalmente del primer mundo. Las historias recogidas en este libro lo demuestran, y hay muchas más. Las fronteras, a veces, están solo en nuestra cabeza.

Por eso me encanta hablar con mujeres que no tienen pelos en la lengua y que se muestran reales, porque hacen ver que las imágenes que creamos en nuestra mente de las personas exitosas no siempre son fieles a la realidad. Todas tenemos desafíos e inquietudes similares, y hasta la persona con la imagen más perfecta hacia el exterior se siente insegura en distintos momentos.

Entonces, lo mejor es que redefinamos la palabra éxito. Para empezar, no pasa solo por lo económico. Se puede ser tan ambiciosa como colaborativa, buscar un equilibrio entre la vida personal y la profesional o, simplemente, querer ser feliz. Dónde ponemos la energía debe ser una decisión personal y no puede ser algo impuesto por la sociedad, por una moda o por otras personas. Que tu proyecto no sea visible, que no ganes premios, no significa que sea menos valioso que el de alguien que sí está en esa posición. Para ganar premios, hay que saber que existen y estar en ciertos ámbitos. El reconocimiento es bueno pero no una medida de valor necesariamente. Asumí en tu interior que no tenés que ser la mejor en nada, a menos que vos realmente lo quieras, claro, y en ese caso, sí: ¡por favor, da todo para lograrlo! Pero si tan solo querés ser feliz, al menos yo te aplaudo igualmente.

A muchas mujeres nos educaron para ser fuertes y hacer todo solas. Tenemos que aprender a pedir ayuda, a poner límites y a delegar tareas. Terminemos con el mito social de la mujer que triunfa en todos los frentes y además se ve siempre bien: el cansancio existe, la carga mental es real y el exigirse constantemente daña la salud. El modelo de persona exitosa y miserable, por suerte, es obsoleto. El nuevo lujo es el equilibrio y la paz mental. Sin olvidar que en Uruguay existe el sexismo, los testimonios no mienten. Es ahí donde tenemos que ser solidarias y apoyarnos; y sensibilizar a los hombres de todas las edades en estos temas.

Aprovechemos también las redes sociales y las figuras de las mentoras y los mentores; pueden ser fundamentales para avanzar en nuestros proyectos, ya que es en la colaboración donde podemos escalar nuestros negocios y materializar nuestras ideas.

Porque la ambición y el liderazgo personal son positivos, y el éxito profesional no debería implicar una renuncia personal (aunque pase, por eso nació este libro). El equilibrio entre la vida personal y la profesional es fundamental para hacer que un proyecto se pueda sostener y sea exitoso en el largo plazo. Tampoco olvidemos que la espiritualidad es parte del camino, y nos ayuda a tomar mejores decisiones. La intuición ya no es cosa de brujas, sino sinónimo de conocerse, escucharse y confiar.

Querida lectora: nuestro tiempo es limitado, pero nuestro potencial para contribuir es enorme. Aprovechemos esta oportunidad. El futuro nos está esperando.

ANEXO

LA SITUACIÓN DE LAS MUJERES TRABAJADORAS EN URUGUAY

Las mujeres uruguayas constituyen el 45% de la población económicamente activa y son el 39% de los cabezas de familia. Sin embargo, pese a que tienen mejor preparación curricular promedio que los hombres, ocupan menos del 20% de los cargos gerenciales en el sector público y privado y alcanzan un porcentaje menor de representación parlamentaria. En cuanto a la actividad emprendedora, la proporción de mujeres adultas que crean su propio negocio es la mitad que la proporción de hombres que lo hacen. Cuando lo hacen, es en emprendimientos con menor potencial de crecimiento. Es decir, las mujeres están subrepresentadas en el sector empresarial formal, y en términos de calidad y de cantidad. Además, de acuerdo con estudios del Banco Mundial, la productividad en América Latina y el Caribe podría aumentar un 25% si se impulsara la capacidad emprendedora de las mujeres y en Uruguay, el PBI podría ser hasta un 13% mayor si las mujeres participaran en el mercado laboral igual que los hombres. Es decir, Uruguay produciría hasta 2.100 USD más por persona, para hombres y mujeres por igual.

Otros datos a tener en cuenta son:
- Las mujeres perciben un salario promedio 31% menor al de los hombres por el mismo trabajo. (fuente: informe Banco Mundial, 2021).

- Solo el 5% de las uruguayas se definen como empresarias. (resultados del Mapa del Ecosistema Emprendedor Uruguayo, 2019).
- Solo en el 19,4% de las empresas uruguayas hay mujeres en cargos gerenciales de alto rango. (*El lugar de las mujeres uruguayas en la toma de decisiones*, Cuadernos del Grupo Interagencial de Género de Naciones Unidas Uruguay / Mides, 2016).
- Solo el 11% de las mujeres uruguayas ocupan cargos directivos (fuente: informe Banco Mundial, 2021).
- Los hombres con educación terciaria ganan el 24% más que las mujeres con la misma educación y experiencia laboral. (informe *Estadísticas de género 2016*, Instituto Nacional de las Mujeres / Mides).
- Las mujeres dedican más del doble de tiempo a los trabajos en el hogar que los hombres, comprometiendo la autonomía económica de la mujer, mientras que el trabajo doméstico no remunerado representa un 16% del PBI (fuente: informe Banco Mundial, 2021).
- Diez años después de haber tenido a su primer hijo, las mujeres ganan un 42% menos que sus pares sin hijos. (fuente: informe Banco Mundial, 2021, según datos de ONU Mujeres).

GLOSARIO

Branding. Proceso por el cual se define la identidad corporativa de una empresa con una gestión planificada de comunicación.

Capital semilla. Son las primeras inversiones de un proyecto que está comenzando y que todavía no tiene definido su modelo de negocio. Esto se debe a que una pequeña *startup*, en la fase inicial, no puede acudir a los métodos de financiación tradicionales. Se acepta ese capital semilla a cambio de acciones y asesoramiento.

Coliving. Comunidad que proporciona viviendas compartidas a personas con intenciones e intereses similares, ya sean actividades concretas, un espacio de trabajo o esfuerzos colectivos, como, por ejemplo, vivir de manera más sostenible.

Coworking. Espacio de trabajo compartido por varios profesionales.

Design thinking. El *pensamiento de diseño* cambia el enfoque de una solución centrada en el negocio (inventamos un producto basado en una serie de suposiciones y esperamos que funcione para los clientes) a una centrada en el cliente (exploramos los fenómenos culturales, observamos cómo las personas se comportan y piensan, obtenemos información sobre lo que necesitan y diseñamos un producto al respecto).

Economía circular. Sistema económico destinado a eliminar el desperdicio y el uso continuo y desproporcionado de recursos.

Ecosistema emprendedor. Contexto en el cual los nuevos negocios pueden crear conexiones valiosas con otras empresas, instituciones o inversionistas para desarrollar ideas innovadoras que se puedan capitalizar.

Emprendedores sociales. Empresarios y empresarias que, además de tener una visión de negocios, tienen el interés de realizar cambios en la sociedad y en el medio ambiente.

Global Shapers. Red desarrollada y dirigida por jóvenes que tienen el potencial, por sus logros y su impulso, para hacer una contribución a sus comunidades y ser futuros líderes. La comunidad Global Shapers es una iniciativa del Foro Económico Mundial.

Hackathon. Evento organizado con el fin de programar o construir una solución de forma colaborativa durante un plazo determinado de horas, preferentemente en el mismo espacio físico.

Hub. Centro de actividad.

Incubadora. Organización que apoya el proceso emprendedor ayudando a incrementar las tasas de supervivencia de compañías de reciente creación a través de servicios como espacios de oficina, consultoría en planes de negocio, servicios administrativos, servicios de propiedad intelectual o *coaching* de negocios.

Intraemprendedor. Profesional que lleva a cabo una línea de negocio o algún tipo de innovación desde dentro de la empresa, ya sea un proyecto o una idea.

Lean Startup. Es una metodología para desarrollar negocios y productos. Apunta a acortar los ciclos de desarrollo: adopta una combinación de experimentación impulsada por hipótesis para medir el progreso, lanzamientos de productos iterativos para ganar una valiosa retroalimentación por parte de los clientes y un aprendizaje validado para medir cuánto se ha asimilado. La hipótesis central es que si las *startups* invierten su tiempo en productos o servicios de construcción iterativa para satisfacer las necesidades de los primeros clientes, pueden de esta manera reducir los riesgos del mercado y evitar la necesidad de buscar grandes cantidades de financiación inicial o de realizar gastos importantes para el lanzamiento de un producto.

Meetup. Plataforma *online* que facilita la organización de eventos y encuentros en la vida real para personas con intereses similares.

Networking. Es la práctica de acceder a terceras personas (aquellas que no pertenecen a nuestro círculo familiar ni al de amistades más cercanas) con el fin de iniciar algún tipo de relación de negocios o de intercambio de conocimiento. La práctica continua de *networking* conlleva a la creación de redes de contactos, es decir, grupos de personas que sin tener relaciones de amistad profundas mantienen su conexión para realizar negocios.

Sistema B. Organización sin fines de lucro que tiene como misión construir ecosistemas favorables para un mercado que resuelva problemas sociales y medioambientales, lo que fortalece a las Empresas B. El objetivo último es crear una nueva economía donde el éxito se mida por el bienestar de los individuos, de las sociedades y de la naturaleza.

Startup. Compañía de reciente creación, normalmente con menos de un año de existencia, innovadora y con un potencial de crecimiento muy importante.

TED (acrónimo de Tecnología, Entretenimiento y Diseño, procedente del inglés: *Technology, Entertainment, Design*). Organización estadounidense sin ánimo de lucro dedicada a "las ideas dignas de difundir" (*ideas worth spreading*). Es ampliamente conocida por su congreso anual (TED Conference) y por sus charlas (TED Talks), que cubren un amplio espectro de temas que incluyen ciencia, arte y diseño, política, educación, cultura, negocios, asuntos globales, tecnología, desarrollo y entretenimiento. Actualmente, hay más de mil charlas TED disponibles para consulta *online* y descarga gratuitas. Por su parte, TEDx es un programa de conferencias locales, organizadas de manera independiente, que permiten disfrutar de una experiencia similar a la de las conferencias TED.

AGRADECIMIENTOS

A las entrevistadas, por ofrecerme su tiempo, por creer en el proyecto, por su apoyo, amabilidad, generosidad y honestidad a la hora de responder a las preguntas.

A Rémi, por su apoyo incondicional, su aliento y por sus aportes tan valiosos durante el largo proceso de escribir mi primer libro.

A Gabriela Malvasio, por su confianza.

A mis amigas y amigos. A las que fueron lectoras beta y me dieron valiosas opiniones sobre las entrevistas, a las que me enviaron espontáneamente información que aportaba a las temáticas tratadas en el libro, a mis hermanas de la vida y a todas y todos los que me acompañaron en distintas etapas de este proceso con su cariño e interés: Carina Greweling, Anna Lía Silva, Elena Fontal, Sofía Barata, Lorena Mendoza, Florencia Bacigaluppi, Silvana Guerra, Aurore Rominger, Raquel Navalón, Ainhoa de Eguía, Carrie So Laika, Blas Zubillaga, Nicole Vilarrubí, María Victoria de Miquelerena, Eliana Cleffi, Magui Joanidis, Laura Russo, Osvaldo Pacheco, Florencia Mandl, Cecilia Vera, Flore Frank, Carolina Villarrubia, Shahnaz Radjy, Macy.

A Fernanda Guliak, por su apoyo durante el proyecto y por dar el nombre al libro.

A Diego Santos, por su energía positiva, su generosidad, y por compartir conmigo sus conocimientos sobre el mundo editorial, así como sus contactos.

A Edgardo Scott, con quien realicé mis primeros talleres literarios en París, por sus valiosos comentarios sobre las entrevistas y por su apoyo.

A mi editor, Paco Martínez, y a mi diseñadora, Ana Roca, por el gran placer de trabajar juntos y porque con su talento y su energía hicieron el mejor libro posible.

A todas las personas que contacté en Uruguay y que me ofrecieron su tiempo para conversar de una manera amable y desinteresada sobre temas editoriales y posibles colaboraciones.

A las lectoras. A las mujeres visibles y a las invisibles.

A mis padres, Petty y Pedro, por su amor, por enseñarme tantos valores en los que apoyarme hoy y por darme la libertad de espíritu y la confianza para creer que yo podía ser quien decidiese.

www.ingramcontent.com/pod-product-compliance
Lightning Source LLC
Chambersburg PA
CBHW052352220526
45465CB00003BA/1066